새 연세한국어 말하기와 쓰기 2

연세대학교 한국어학당 편

연세대학교 대학출판문화원

머리말

연세대학교 한국어학당은 1959년에 설립된 한국 최초의 외국어로서의 한국어 교육 기관이다. 연세대학교 한국어학당은 그간의 역사와 명성에 걸맞게 다양한 한국어 교재 편찬 및 관련 연구를 해 옴으로써 한국어 교육을 선도해 왔다. 지금까지 전 세계에서 온 약 147개국의 14만 명에 이르는 한국어 학습자들에게 한국어와 한국 문화를 가르쳐 왔으며, 최근에는 오프라인 한국어 교육뿐만 아니라 세계 각국의 한국어 학습자들을 대상으로 글로벌 온라인 대중 공개 강좌(MOOC)를 개설하여 학습자들로부터 큰 호응을 얻고 있다. 특히 최근 빠른 속도로 변화해 가는 교육 환경에 맞추어 새로운 교수법과 교수 자료 개발에 힘을 기울이는 등 끊임없는 노력을 하고 있다.

연세대학교 한국어학당은 그간 일반 목적 한국어 학습자들뿐만 아니라 특수 목적 한국어 학습자들을 대상으로 정규 과정, 단기 과정, 대학 한국어 과정 등 다양한 교육 과정을 개설 운영하면서 학습자의 요구에 부응하는 최상의 교재를 개발해 왔다. 이러한 교재들은 국내외의 한국어 교육 기관에서 교사와 학습자들의 다양한 요구를 충족시키며 양질의 한국어 교수·학습을 위해 널리 사용되고 있다.

연세대학교 한국어학당은 그간 가장 큰 호응을 받아 왔던 '연세한국어' 1급~6급의 뒤를 이을 새로운 교재로 '새 연세한국어' 시리즈를 기획 출간하게 되었다. 이 교재의 개발을 위해 한국어 교육 현장 경험이 풍부한 전문 한국어 교육학자 및 교사들이 대거 투입되었고 최상의 한국어 교수법 및 학습자 집단의 요구에 대한 이해를 바탕으로 개발 작업이 장기간에 걸쳐 수행되었다.

이번에 출간된 '새 연세한국어' 시리즈는 총 6단계로 각 단계마다 어휘와 문법 교재, 말하기와 쓰기 교재, 듣기와 읽기 교재로 구성되어 있다. '새 연세한국어 어휘와 문법'은 한국어 학습자들이 각 숙달도별로 가장 필수적으로 익혀야 하는 주요 어휘와 문법에 대한 이해와 활용을 중심으로 구성되었다. '새 연세한국어 말하기와 쓰기'는 원활한 한국어 의사소통을 위해 꼭 필요한 표현 기능을 수행할 수 있도록 말하기, 쓰기 과제를 중심으로 구성되었다. 또한 '새 연세한국어 듣기와 읽기'는 듣기, 읽기 과제를 중심으로 각 급별 숙달도에 적절한 이해 능력을 함양시킬 수 있도록 구성되었다. 이 세 권의 교재는 어휘·문법, 표현, 이해 능력의 고른 발달을 위해 패키지로 함께 사용될 수도 있고, 교육 현장 여건이나 학습자의 요구에 따라 별도로 사용될 수도 있다. 또한 어휘와 문법 교재의 경우 별도의 지침서가 무료로 제공되므로 교육 경험이 다소 부족한 국내외의 한국어 교사들에게 유용한 길잡이가 될 수 있을 것이다.

연세대학교 한국어학당은 앞으로도 전 세계의 한국어 학습자들의 요구와 기대에 부응하는 교재 개발을 위해 최선을 다할 것이다. 아울러 본 교재가 국내외에서 한국어 교육을 위해 노력을 아끼지 않는 많은 교사와 한국어 학습을 위해 노력하는 모든 학습자들에게 크게 도움이 되기를 바란다.

연세대학교 언어연구교육원

한국어학당 교재편찬위원회

일러두기

01 이 책은 <새 연세한국어 어휘와 문법 2>, <새 연세한국어 듣기와 읽기 2>와 함께 한국어 초급 학습자들을 위한 교재이다. 특히 <새 연세한국어 어휘와 문법 2>에서 배운 문형과 어휘를 활용해서 말하기와 쓰기의 표현 연습을 할 수 있도록 구성되었다.

02 이 책은 한국어 초급 학습자들이 한국어로 말하고 쓸 수 있는 능력을 키우기 위한 표현 능력 개발 교재이다.

03 이 책은 총 20과이며 각 과는 2개 항으로 구성되어 총 40개 항이 있다. 그리고 2개 과마다 복습을 할 수 있도록 복습 10개 항을 구성했다. 각 항은 각각 50분 수업 분량으로 이 책은 총 50개 항으로 구성되어 있다. 그리고 2개 과마다 한국 문화에 대한 소개가 있다.

04 이 책의 각 항은 '제목, 학습 목표, 준비해 봅시다, 이야기해 봅시다, 써 봅시다'로 구성되었다. 복습항은 선행 학습된 2개 과의 주제와 기능, 어휘와 문형을 활용할 수 있도록 3개의 과제로 구성되어 있다.

05 이 책의 각 과의 제목은 <새 연세한국어 어휘와 문법 2>와 동일하다. 각 항의 제목은 해당 항의 내용 중에서 학습 목표를 드러낼 수 있는 대표적인 문장을 사용했다.

06 학습 목표는 '-에 대해 이야기할 수 있다, 설명할 수 있다, 소개할 수 있다'와 같이 표현 기능이 드러나도록 기술했다.

07 '준비해 봅시다'는 각 항의 들어가기에 해당된다. 삽화를 제시해서 학습자들의 이해를 돕고 2개의 질문을 통해서 각 항의 구체적인 내용을 예측해 볼 수 있도록 구성했다. 질문은 삽화와 관련된 질문 1개와 주제에 관련된 학습자의 경험에 대한 질문 1개로 구성되어 있다.

08 '이야기해 봅시다'는 <새 연세한국어 어휘와 문법 2>에서 공부한 내용을 주제와 관련해서 말해 볼 수 있는 말하기 연습으로 구성되어 있다. 초급 학습자들이 실제적인 상황에서 의사소통 목적을 달성할 수 있도록 다양한 담화 상황을 다루고자 했으며 담화 상황에서 유용한 표현도 함께 제시하여 의사소통 능력 향상에 도움을 주고자 했다. 또한 학습자들의 이해를 돕기 위해서 연습마다 전형적인 대화의 구조를 보여주는 예시를 <보기>로 제시했다.

09 '써 봅시다'는 '쓰고 발표하십시오, 이야기하고 쓰십시오'와 같이 말하기 활동과 쓰기 활동을 연계한 연습으로 구성되어 있다. 학습자들이 텍스트의 기능과 유형에 따른 글의 구조를 익힐 수 있도록 텍스트 구조 표지를 제시하였으며 '쓰고 발표하십시오'의 경우에는 발표할 때 유용한 표현도 함께 제시하여 격식적인 말하기 연습에 도움을 주고자 했다. 또한 글의 구조를 보여 주는 예시를 <모범 답안>으로 제시하여 학습자들이 참고할 수 있도록 했다.

10 '복습'은 3개의 연습으로 구성되어 있다. 앞선 2개 항에서 배운 어휘와 문형, 주제를 통합해서 길게 말하고 쓸 수 있는 연습으로 구성되어 있다.

11 '문화'는 한국의 문화를 소개하고 관련된 한국어 표현을 제시해서 학습자들이 활용할 수 있도록 구성했다.

12 모든 연습은 학습자들이 자신의 한국어 능력 수준에 맞춰 다양하게 표현할 수 있도록 단계적인 연습으로 구성했다. '이야기해 봅시다'는 주어진 상황으로 대화를 조직하는 연습에서 자신의 상황으로 확장해서 연습할 수 있도록 이루어졌으며 '써 봅시다'는 글쓰기를 위한 개요 작성 단계를 포함하여 논리적이고 단계적인 글쓰기 활동이 이루어질 수 있도록 했다.

13 새로 나온 어휘는 해당 페이지의 하단에 제시했다. 또한 새로 나온 모든 어휘의 목록과 해당 어휘가 사용된 항을 부록에 제시해서 학습에 도움을 주고자 했다.

단원 구성

과	제목	학습 목표	문형	문화
1과 인사와 소개	1. 친구가 많아져서 즐거워요	요즘 생활에 대해 이야기할 수 있다.	-게[1] -어지다	다양한 인사 표현
1과 인사와 소개	2. 한국에서 대학교에 들어가려고 한국말을 배워요	전공과 계획에 대해 이야기할 수 있다.	-은 지 -으려고	다양한 인사 표현
2과 친구와 가족	1. 제 친구는 키가 크고 성격이 좋아요	친구의 외모와 성격에 대해 이야기할 수 있다.	-네요 -겠다[2]	다양한 인사 표현
2과 친구와 가족	2. 아플 때는 할머니가 제일 보고 싶어요	가족과 친척을 소개할 수 있다.	-을 때 의	다양한 인사 표현
3과 고향	1. 제주도에 가 봤어요?	고향의 위치를 설명할 수 있다.	만에 -어 보다[1]	한국의 특산물
3과 고향	2. 공원에 나무가 많기 때문에 공기가 좋아요	고향의 특징을 설명할 수 있다.	-기 때문에 -는데[2]	한국의 특산물
4과 집	1. 방이 더 넓었으면 좋겠어요	살고 있는 집의 장단점을 설명할 수 있다.	-었으면 좋겠다 -어야겠다	한국의 특산물
4과 집	2. 교통은 편리한가요?	집의 구조와 주변 환경에 대해 설명할 수 있다.	-는 중이다 -나요?	한국의 특산물
5과 음식	1. 국물에 밥을 말아서 김치와 같이 먹어요	음식을 소개하고 먹는 방법에 대해 이야기할 수 있다.	-어 보다[2] -는데[3]	한식 상차림
5과 음식	2. 한국 음식을 만들어 본 적이 있어요?	음식 재료와 요리법에 대해 설명할 수 있다.	-은 적이 있다 에다가	한식 상차림
6과 시장	1. 아마 마트에서 팔 거예요	물건을 살 수 있는 여러 장소에 대해 설명할 수 있다.	-을까요?[3] -을 거예요[2]	한식 상차림
6과 시장	2. 등산화를 사고 싶은데 어디에서 사면 좋을까요?	쇼핑 장소를 추천할 수 있다.	-는데[4] -어하다	한식 상차림

과	제목	학습 목표	문형	문화
7과 쇼핑	1. 한번 입어 봐도 돼요?	사고 싶은 물건에 대해 설명할 수 있다.	-어도 되다 -으면 안 되다	한국의 옷과 신발 치수
	2. 얼마나 마음에 드는지 몰라요	구입한 물건의 장단점을 설명할 수 있다.	ㅎ동사 얼마나 -는지 모르다	
8과 초대	1. 친구들과 같이 송별회를 할까 해	모임에 대해 설명하고 초대할 수 있다.	-어 -을까 하다	
	2. 케이크를 만들어 가지고 갈 거야	여러 가지 상황에 맞는 선물을 추천할 수 있다.	-어 가지고 -지 마	
9과 약속	1. 11시에 하늘 공원에서 만나는 게 어떠니?	약속 시간과 약속 장소를 정할 수 있다.	-는다, -니? -을게요	부탁 예절
	2. 급한 일이 생겨서 약속을 지키지 못하게 됐어	약속을 취소하거나 변경할 수 있다.	-어라, -자 -게 되다	
10과 부탁	1. 미안한데 숙제 좀 도와줄래?	가까운 사람에게 개인적인 부탁을 할 수 있다.	-을래요? -었다가[1]	
	2. 죄송합니다만 사진 좀 찍어 주실 수 있으세요?	여러 상황에서 적절하게 부탁할 수 있다.	-습니다만 -는지 알다	
11과 교통	1. 2호선을 타고 가다가 6호선으로 갈아타세요	대중교통을 이용해서 목적지까지 가는 방법을 설명할 수 있다.	-다가 으로[3]	교통 카드 사용법
	2. 경복궁 앞으로 해서 가 주세요	차로 목적지까지 가는 방법을 설명할 수 있다.	-으려면[1] 으로 해서	
12과 학교생활	1. 수업을 열심히 들어야 시험을 잘 볼 수 있어	학교생활에 대해 설명할 수 있다.	-어야 -으면 되다	
	2. 뭐 좀 물어 보려고 왔는데요	학교생활에 대해 문의할 수 있다.	-는데요 -거나	
13과 공공 기관	1. 통장을 만드는 동안 잠시 기다려 주십시오	은행 이용 방법을 문의할 수 있다.	부터 -는 동안	문자 메시지 언어
	2. 두 달이나요?	우체국 이용 방법을 문의할 수 있다.	-을 건가요? 이나[2]	

단원 구성

과	제목	학습 목표	문형	문화
14과 전화	1. 휴대 전화로 영화를 보는 사람들이 많아졌다고 해	휴대 전화의 기능에 대해 설명할 수 있다.	-는다고 하다 -냐고 하다	문자 메시지 언어
	2. 이따가 수업이 끝나면 전화하라고 해	다른 사람에게 메시지를 전할 수 있다.	-자고 하다 -으라고 하다	
15과 예약과 주문	1. 주말이라서 예약 손님이 많아요	장소를 예약할 수 있다.	-어 달라고(주라고) 하다 이라서	한국의 배달 음식
	2. 도시락 1인분만 배달해 주세요	배달 주문을 할 수 있다.	만 -었던	
16과 건강	1. 콧물이 나는 데다가 열도 나요	몸이 아플 때 증상을 설명할 수 있다.	-는 데다가 ㅅ동사	
	2. 비타민이라도 좀 먹어봐	증상에 맞는 약과 그 약의 복용 방법에 대해 설명할 수 있다.	이라도 -지 않으면 안 되다	
17과 취미	1. 농구만큼 재미있는 게 없어요	취미를 소개하고 장점에 대해 이야기할 수 있다.	만큼 -어도	한국인의 새해 계획
	2. 자전거를 탈 줄 아세요?	취미 활동에 대해 구체적으로 설명할 수 있다.	-을 줄 알다(모르다) -던	
18과 계획	1. 방학 때 아르바이트를 하는 사람이 많던데요	휴일 계획을 이야기할 수 있다.	-던데요 이든지	
	2. 날마다 운동을 하려고 했는데 하루밖에 못 했어	하고 싶은 일에 대한 계획을 이야기할 수 있다.	밖에 -을 줄 알았다	
19과 여행	1. 인터넷으로 검색한 뒤에 가장 좋은 곳을 골랐어요	여행한 경험에 대해 이야기할 수 있다.	이나[3] -은 뒤에	서울로 떠나는 여행
	2. 가족 여행을 가기로 했으면 설악산에 가는 게 어때요?	여행지를 추천할 수 있다.	-기로 하다 -자마자	
20과 날씨와 생활	1. 비가 내릴 거라고 하니까 다른 걸 하는 게 좋겠어	날씨에 맞는 활동을 제안할 수 있다.	-는다고 하니까 -지 말고	
	2. 운전하기 힘들 테니까 버스를 타고 나갈까?	날씨에 맞는 활동을 계획할 수 있다.	접속사 -을 테니까	

차례

등장인물 | Main characters

에릭 파커
- 미국
- 한국어학당 학생
- 한국 전자 직원

존 카마우
- 케냐
- 한국어학당 학생
- 교환 학생

사토 유키
- 일본
- 한국어학당 학생
- 기자

리타오
- 중국
- 한국어학당 학생
- 대학 입학 예정자

노라 한슨
- 노르웨이
- 한국어학당 학생
- 대학원 입학 예정자

최주앙
- 브라질
- 한국어학당 학생
- 대학 휴학생

응웬 흐엉
- 베트남
- 한국어학당 학생

레오 마르탱
- 프랑스
- 한국어학당 학생
- 요리사

올리비아 스미스
- 호주
- 한국어학당 학생
- 외교관

이윤아
- 한국
- 대학생

정하늘
- 한국
- 대학생

김우진
- 한국
- 한국 전자 직원

새 연세한국어

말하기와 쓰기 2

01과 인사와 소개

1. 친구가 많아져서 즐거워요

• 학습 목표: 요즘 생활에 대해 이야기할 수 있다.

Ⅰ. 준비해 봅시다

- 두 사람이 무슨 이야기를 하는 것 같습니까?
- 여러분의 요즘 생활은 어떻습니까?

이야기해 봅시다 **1** 처음 만난 친구와 인사를 합니다. 보기 와 같이 이야기하십시오.

리에 / 일본

① **타오** / 중국 ② **흐엉** / 베트남 ③ **노라** / 노르웨이 ④ ____ / ____

보기

가: 안녕하세요? 제 이름은 리에예요. 일본에서 왔어요.

나: 안녕하세요? 저는 **중국에서** 온 **타오**예요.

가: 한국 생활이 어때요?

나: 처음에는 힘들었지만 이제는 **친구가 많아져서** 즐거워요.

가: 만나서 반가워요.

나: 네, 즐겁게 지냅시다.

익숙하다 힘들다 즐겁다 지내다

2 오랜만에 친구를 만났습니다. 보기 와 같이 쓰고 이야기하십시오.

①

②

③
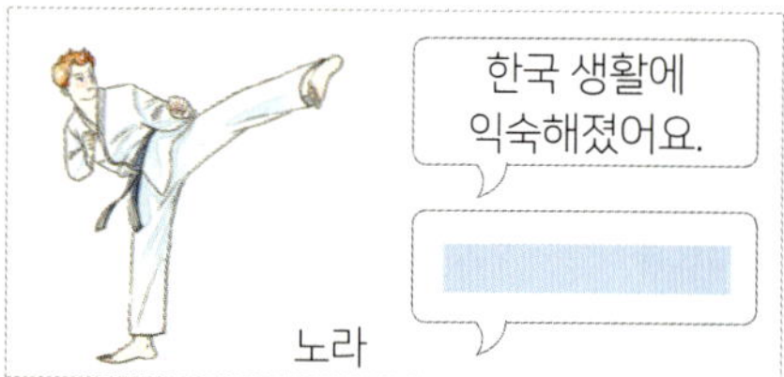

④

보기

가: 주앙 씨, 오랜만이에요.

나: 네, 오랜만이에요. 요즘 어떻게 지내요?

가: 잘 지내요. 주앙 씨는 어때요?

나: 친구가 많아져서 즐겁게 지내요.

가: 한국어 공부는 재미있어요?

나: 네, 재미있지만 숙제가 좀 많아요.

가: 주말은 어떻게 보내요?

나: 보통 친구들과 축구를 해요.

가: 시간이 있으면 주말에 한번 만날까요?

나: 네, 좋아요.

오랜만이다　보내다

III. 써 봅시다

1 여러분의 한국 생활은 어떻습니까? 친구와 이야기하고 요즘 생활에 대해 쓰십시오.

질문	친구	나
어느 나라에서 왔어요?		
언제 한국에 왔어요?		
왜 한국에 왔어요?		
요즘 어떻게 지내요?		
한국 생활에 익숙해졌어요?		
한국말 공부하기가 어때요?		
친구를 많이 사귀었어요?		
주말에는 보통 뭘 해요?		

나의 한국 생활

저는 ＿＿＿＿＿ 에서 온 ＿＿＿＿＿ 입니다. ＿＿＿＿＿ 고 싶어서 한국에 왔습니다. 저는 요즘 ＿＿＿＿＿ 게 지냅니다. 한국 생활에 ＿＿＿＿＿ ＿＿＿＿＿ 처음에는 한국어 공부가 ＿＿＿＿＿ 지만 이제는 ＿＿＿＿＿ ＿＿＿＿＿

주말에는 보통 ＿＿＿＿＿ ＿＿＿＿＿ 한국에서 친구도 많이 사귀고 한국어 공부도 열심히 하고 즐겁게 지내려고 합니다.

사귀다

01과 인사와 소개

2. 한국에서 대학교에 들어가려고 한국말을 배워요

• 학습 목표: 전공과 계획에 대해 이야기할 수 있다.

Ⅰ. 준비해 봅시다

• 이 사람들이 한국어를 배워서 뭘 할 것 같습니까?

• 여러분은 한국어를 배워서 뭘 하고 싶습니까?

이야기해 봅시다

1 친구와 전공에 대해 말합니다. 보기 와 같이 이야기하십시오.

전공	하고 싶은 일
한국어 교육학	선생님이 되고 싶어요.
신문 방송학	방송국에서 일하고 싶어요.
경영학	한국 회사에 들어가고 싶어요.
천문 우주학	대학원에 가서 공부를 더 하고 싶어요.
컴퓨터 공학 / 경제학 / 의학 / ⋯⋯.	________

1 흐엉

· 대학교에 들어가려고
· 전공: 한국어 교육학

2 노라

· 대학원에 들어가려고
· 전공: 신문 방송학

3 존

· 연세 대학교에 다니려고
· 전공: ________

4 ________

· ________
· 전공: ________

보기

가: 흐엉 씨는 왜 한국어를 배워요?

나: 한국에서 대학교에 들어가려고 한국어를 배워요.

가: 뭘 전공하실 거예요?

나: 한국어 교육학을 전공하려고 해요.

가: 졸업한 후에는 뭘 하고 싶어요?

나: 고향에 돌아가서 선생님이 되고 싶어요.

한국어 교육학　신문 방송학　경영학　천문 우주학　컴퓨터 공학　경제학　의학
방송국　대학원　전공하다　졸업하다

2 친구와 앞으로의 계획에 대해 말합니다. 보기 와 같이 이야기하십시오.

① **노라** / 한국어 공부 3개월

· 대학원에 들어갈 거예요.
· 신문 방송학을 전공할 거예요.

· 방송국에서 일하고 싶어요.

② **레오** / 한국어 공부 4개월

· 한국에서 프랑스 식당을 열 거예요.
· 한국에 제 고향 요리를 소개할 거예요.

· 한국어로 프랑스 요리를 가르치고 싶어요.

③ **타오** / 한국어 공부 5개월

· 한국에서 대학교에 들어갈 거예요.
·

·

④ ____ / 한국어 공부 ____ 개월

·
·

·

보기

가: 노라 씨, 요즘 한국어 공부하기가 어때요?
나: 문법이 좀 어려워졌지만 재미있어요.
가: 한국어를 공부한 지 얼마나 됐어요?
나: 한국어를 공부한 지 삼 개월 됐어요.
가: 그렇군요. 한국어를 배워서 뭘 할 거예요?
나: 대학원에 들어가서 신문 방송학을 전공하려고 한국어를 배워요.
가: 아, 그래요? 앞으로 뭘 하고 싶어요?
나: 방송국에서 일하고 싶어요.
가: 노라 씨는 잘 할 수 있을 것 같아요.
나: 고마워요.

앞으로

III. 써 봅시다

여러분은 왜 한국어를 배웁니까? 여러분의 계획을 쓰고 발표하십시오.

한국어 공부를 시작한 때	
처음에 한국어 공부를 시작한 이유	
지금 한국어를 공부하는 목적	
앞으로 한국어를 다 배운 후의 계획	

한국어를 배운 후의 계획

저는 ________ 에서 온 ________ 입니다.

저는 한국어 공부를 시작한 지 ________

처음에는 ________

________ 어서/아서/여서

한국어 공부를 시작했습니다.

지금은 ________

________ 으려고/려고

한국어를 공부하고 있습니다.

앞으로 한국어를 다 배운 후에는 ________

____

____

여기까지 한국어를 배운 후의 저의 계획 이야기였습니다.

들어 주셔서 고맙습니다.

이유 목적

02과 친구와 가족

1. 제 친구는 키가 크고 성격이 좋아요

• 학습 목표: 친구의 외모와 성격에 대해 이야기할 수 있다.

Ⅰ. 준비해 봅시다

- 에릭 씨가 어떤 사람인 것 같습니까?
- 여러분이 한국에서 자주 만나는 친구는 어떤 사람입니까?

이야기해 봅시다

1 친구 사진을 보고 있습니다. 다음 표현을 사용하여 보기 와 같이 이야기하십시오.

어떻게 생겼어요?	성격이 어때요?
· 예뻐요.	· 착해요.
· 날씬해요.	· 성격이 좋아요.
· 키가 커요.	· 성격이 밝아요.
· 잘생겼어요.	· 마음이 따뜻해요.
· 어깨가 넓어요.	· 말이 없고 조용해요.

❶ 대학교 친구
· 키가 커요.
· 성격이 좋아요.

❷ 고향 친구
· 예뻐요.
· 착해요.

❸ 고등학교 친구
· 날씬해요.
· ______

❹ 한국 친구
· ______
· ______

보기

가: 에릭 씨, 뭘 하고 있어요?
나: 사진을 보고 있어요.
가: 이 사람은 누구예요?
나: 제 대학교 친구예요.
가: 키가 크네요.
나: 네, 키가 크고 성격이 좋아요.

날씬하다 잘생기다 어깨 성격 착하다 마음

2 유키 씨가 없을 때 친구가 선물을 두고 갔습니다. 보기 와 같이 쓰고 이야기하십시오.

① 민우

② 리사

③ 제니

④ 테오

보기

가: 유키 씨, 조금 전에 누가 유키 씨를 찾아 왔어요.

나: 네? 누가요?

가: 잘 모르겠어요. 이름을 말하지 않았어요.

나: 어떻게 생겼어요?

가: 키가 크고 안경을 낀 남자였어요.

나: 그래요? 제 친구 민우인 것 같아요.

가: 이 꽃을 유키 씨에게 주고 싶어 했어요. 그런데 유키 씨가 없어서 책상 위에 두고 갔어요.

나: 오늘이 제 생일이어서 온 것 같아요. 아! 여기에 카드와 이름이 있네요. 민우가 준 선물이네요.

가: 아, 그래요? 생일 축하해요. 선물을 받아서 기분이 좋겠어요.

나: 네, 좋아요.

안경　끼다　두다

III. 써 봅시다

1 소개하고 싶은 친구가 있습니까? 그 친구를 소개하는 글을 쓰고 발표하십시오.

모습	☐ ☐ ☐
성격	☐ ☐ ☐
친구가 잘 하는 것	☐ ☐ ☐

내 친구

제 친구를 소개하겠습니다. 친구 이름은 ________ 입니다. 저는 ________ 을/를 만난 지 ________ 됐습니다. 우리는 ________ 에서 만났습니다.

제 친구는 ________ 고 ________

____

그리고 ________

____

____

____

여기까지 제가 좋아하는 친구 ________ 소개였습니다. 감사합니다.

모습

친구와 가족

2. 아플 때는 할머니가 제일 보고 싶어요

• 학습 목표: 가족과 친척을 소개할 수 있다.

- 이 사람이 누구를 소개하고 있습니까?
- 가족 중에서 친구들에게 소개하고 싶은 사람이 있습니까?

1. 이야기해 봅시다

1 주앙 씨의 가족사진을 보고 보기 와 같이 이야기하십시오.

보기

가: 주앙 씨, 이분은 누구예요?

나: 이분은 우리 고모예요. 아버지의 여동생이에요.

가: 언제 찍은 사진이에요?

나: 제가 고등학교를 졸업할 때 찍은 거예요.

가: 그렇군요. 고모는 어떤 분이에요?

나: 우리 고모는 정말 재미있고 마음이 따뜻한 분이에요.

고모 작은아버지

2 여러분이 소개하고 싶은 가족이나 친척은 누구입니까? 보기 와 같이 이야기하십시오.

① 타오	② 올리비아	③ 흐엉	④

보기

가: 타오 씨, 방학 때 뭐 했어요?

나: 여행을 다녀왔어요.

가: 재미있었겠군요. 누구하고 다녀왔어요?

나: 이모가 한국 드라마를 좋아해서 이모와 춘천에 갔어요.

가: 한국에 처음 오신 거예요?

나: 아니요, 한국을 좋아해서 여러 번 오셨어요.

가: 이모는 무슨 일을 하세요?

나: 이모는 공무원이에요.

가: 아, 그렇군요.

나: 저는 친척들 중에서 이모를 제일 좋아해요.

조카 콘서트 공무원 친척

III. 써 봅시다

아플 때 보고 싶은 사람이 누구입니까? 친구와 같이 이야기하고 그 사람을 소개하는 글을 쓰십시오.

질문	친구	나
아플 때 보고 싶은 사람이 누구예요?		
왜 그 사람이 보고 싶어요?		
그 사람은 무슨 일을 해요?		
그 사람은 무엇을 좋아해요?		
그 사람하고 무엇을 하고 싶어요?		

아플 때 보고 싶은 사람

제가 아플 때 제일 보고 싶은 사람은 ______ 입니다.
______ 어서/아서/여서 ______
______

______ 의 직업은 ______
______ 은/는 ______ 을/를 좋아해서
______
______
______
______ 고 싶습니다.

1 보기 와 같이 이야기하십시오.

친구	고향	모습	성격	한국어를 공부하는 목적
타오	중국 베이징	· 키가 크고 멋있어요. · 어깨가 넓어요.	· 마음이 따뜻해요. · 착해요.	한국에서 대학교에 입학하려고 해요.

보기

가: 친구들 사진이군요. 이 사람은 누구에요?

나: 타오 씨예요. 타오 씨는 중국 사람이에요.

가: 잘생겼군요.

나: 네, 키가 크고 멋있어요. 어깨도 넓고요.

가: 성격은 어때요?

나: 성격도 좋아요. 마음이 따뜻하고 착해요.

가: 이 친구는 왜 한국어를 배워요?

나: 타오 씨는 한국에서 대학교에 입학하려고 한국어를 배우고 있어요.
다음에 같이 한번 만나요.

2 다음 질문으로 친구와 이야기하십시오.

질문	친구	나
고향이 어디예요?		
한국어 공부를 한 지 얼마나 됐어요?		
왜 한국어 공부를 시작했어요?		
한국어를 공부할 때 제일 힘든 것이 뭐예요?		
힘들 때 생각나는 사람이 누구예요?		
한국어를 배운 후에 뭘 하려고 해요?		

3 자기를 소개하는 글을 쓰십시오.

연습하기

문화

다양한 인사 표현

한국인의 인사 예절은 다양하고 상황에 따라 주고받는 인사말도 다릅니다. 한국에서는 아침에 일어났을 때 "안녕히 주무셨어요?"라고 인사합니다. 길에서 누군가를 만났을 때는 "어디 가세요?"나 "어디 다녀오세요?"라는 물음으로 인사를 대신합니다. 식사 시간이 지나서 누군가를 만났을 때는 "식사하셨어요?"라고 인사합니다. 그리고 아는 사람을 오랜만에 만났을 때는 "오래간만이에요. 그동안 잘 지냈어요?"라는 인사로 상대방의 요즘 생활에 대해 묻습니다. 한국에서 누군가에게 인사를 할 때는 상대방의 나이나 그 사람과의 관계를 생각하여 알맞게 표현해야 합니다.

1. 한국에서는 인사를 할 때 어떤 것들을 생각해야 합니까?
2. 여러분의 나라에서는 위와 같은 상황에서 어떻게 인사합니까?

03과 고향

1. 제주도에 가 봤어요?

• 학습 목표: 고향의 위치를 설명할 수 있다.

Ⅰ. 준비해 봅시다

- 이 그림에서 여러분의 고향이 어디에 있습니까?
- 여러분의 고향은 어떤 곳입니까?

이야기해 봅시다

1 고향의 위치를 설명합니다. 그림을 보고 보기 와 같이 이야기하십시오.

①

이윤아

- **제주도** / 한국의 남쪽에 있는 섬
- 한국에서 제일 큰 섬이에요. 인기 있는 관광지예요.

②

서강희

- **강화도** / 서해에 있는 섬
- 볼 것이 많아요. ______

③

김이산

- **수원** / 서울의 남쪽에 있는 도시
- ______

④

강연아

- **강릉** / ______
- ______

보기

가: 윤아 씨, 오랜만이에요. 그동안 어떻게 지냈어요?

나: 오랜만에 고향에 다녀왔어요.

가: 좋았겠군요. 고향이 어디예요?,

나: 제 고향은 제주도예요. 제주도에 가 봤어요?

가: 아니요, 제주도가 어디에 있어요?

나: 한국의 남쪽에 있는 섬이에요. 한국에서 제일 큰 섬이고 인기 있는 관광지예요.

강화도 인삼 해산물 수원 서해 남해 동해 경기도 강원도 충청도
전라도 경상도 다녀오다 섬 관광지

2 친구와 고향 사진을 보면서 이야기합니다. 보기 와 같이 이야기하십시오.

① 레오 프랑스, 도빌

- 1년 만에
- **도빌** / 파리의 서쪽에 있는 작은 도시
- 해수욕장이 아름다운 관광지예요. 해산물이 맛있어요.

② 존 케냐, 나이로비

- 3개월 만에
- **나이로비** / 케냐의 가운데에 있는 도시
- 케냐의 수도예요. 구경거리가 많아요.

③ 에릭 미국, 하와이

-
- **하와이** / 태평양에 있는 섬
-

④

-
- /
-

보기

가: 레오 씨, 무슨 사진이에요?
나: 지난 방학에 다녀온 고향 사진이에요.
가: 얼마 만에 고향에 다녀왔어요?
나: 1년 만에 다녀왔어요. 오랜만에 고향 음식도 먹었어요.
가: 고향이 프랑스지요? 프랑스 어디예요?
나: 제 고향은 프랑스 도빌이에요. 도빌에 가 봤어요?
가: 아니요. 아직 못 가 봤어요. 어디에 있어요?
나: 도빌은 파리의 서쪽에 있는 작은 도시예요.
가: 어떤 곳이에요?
나: 해수욕장이 아름다운 관광지예요. 해산물도 맛있고요. 꼭 한번 놀러 오세요.

도빌 해수욕장 케냐 나이로비 가운데 수도 구경거리 하와이 태평양

III. 써 봅시다

1 여러분의 고향은 어디입니까? 고향을 소개하는 글을 쓰고 발표하십시오.

고향의 위치를 그리세요

고향 이름	
위치	
	고향 근처에 있는 것/곳:
어떤 곳?	□도시 / □작은 도시 / □시골 / □섬 / □ ______

나의 고향 ______

제 고향은 ______ 입니다. 여러분은 제 고향에 가 보셨습니까?

제 고향은 ______ 에 있습니다. 제 고향의 ______ 쪽에는 ______ ______ 쪽에는 ______

______

______

제 고향은 ______

______

______

______

______

여러분도 제 고향에 꼭 한번 오세요.

제 고향 이야기를 들어 주셔서 고맙습니다.

위치

고향

2. 공원에 나무가 많기 때문에 공기가 좋아요

• 학습 목표: 고향의 특징을 설명할 수 있다.

Ⅰ. 준비해 봅시다

- 이 사람의 고향이 어떤 곳입니까?
- 친구들에게 고향을 소개할 때 무슨 이야기를 하고 싶습니까?

이야기해 봅시다

1 고향에 대해 이야기합니다. 보기 와 같이 이야기하십시오.

① 노라	② 흐엉	③ 올리비아	④ 주앙
노르웨이 오슬로	베트남 호찌민	호주 시드니	브라질 상파울루
바다가 가깝고 공원에 나무가 많아서 공기가 좋아요.	역사가 오래된 도시여서 멋있는 건물이 많아요.	1년 내내 날씨가 좋고 자연이 아름다워서 여행하기 좋아요.	브라질에서 가장 큰 도시이고 볼 것이 많아서 사람이 많아요.

보기

가: 노라 씨 고향이 어디예요?

나: 노르웨이 오슬로예요.

가: 오슬로는 어떤 곳이에요?

나: 바다가 가깝고 공원에 나무가 많기 때문에 공기가 좋아요.

가: 고향에 많이 가고 싶지요?

나: 네, 요즘 고향이 많이 그리워요. 가족들도 보고 싶고요.

오슬로 호찌민 내내 자연 상파울루 그립다

2 친구에게 고향을 소개하려고 합니다. 보기 와 이야기하십시오.

	❶ 타오	❷ 아야카	❸ 후엔	❹ 노라
고향	 **중국**의 북동부	 **일본**의 중부	 **베트남**의 북부	 **노르웨이**의 남부
날씨	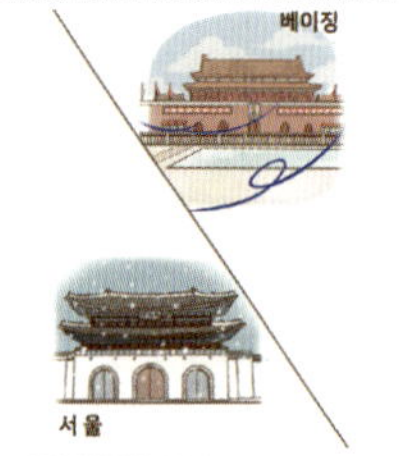			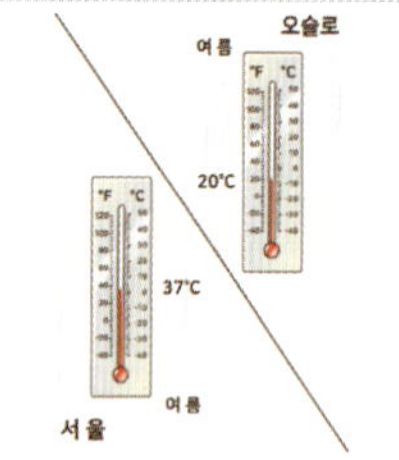
음식	 베이징덕	 타코야키	 쌀국수	 해산물 요리
유명한 곳	 만리장성	 오사카 성	 호안끼엠 호수	 노르웨이 왕궁

보기

가: 타오 씨 고향은 어디예요?

나: 제 고향은 중국 베이징이에요.

가: 그렇군요. 베이징은 어디에 있어요?

나: 중국의 북동부에 있어요.

가: 베이징 날씨는 어때요?

나: 서울은 겨울에 눈이 많이 오는데 베이징은 많이 오지 않아요.

가: 베이징에서 유명한 음식은 뭐예요?

나: 베이징덕이 유명해요. 베이징에 가면 꼭 드세요.

가: 네, 베이징에서 유명한 곳은 어디예요?

나: 만리장성이 유명해요. 꼭 한번 가세요.

북동부 베이징덕 유명하다 만리장성 중부 타코야키 성 하노이 북부 호안끼엠 남부 왕궁

III. 써 봅시다

여러분의 고향은 어떤 곳입니까? 친구와 이야기하고 고향을 소개하는 글을 쓰십시오.

질문	친구	나
고향이 어디예요?		
어디에 있어요?		
어떤 곳이에요?		
날씨는 어때요?	서울은	
	고향은	
유명한 음식은 뭐예요?		
유명한 곳이 어디예요?		

내 고향 소개

저는 ＿＿＿＿에서 왔습니다. 제 고향 ＿＿＿＿ 은/는 ＿＿＿＿에 있습니다.
제 고향은 ＿＿＿＿

서울 날씨는 ＿＿＿＿

우리 고향에서는 ＿＿＿＿이/가 유명합니다.

04과 집

1. 방이 더 넓었으면 좋겠어요

• 학습 목표: 살고 있는 집의 장단점을 설명할 수 있다.

Ⅰ. 준비해 봅시다

• 여러분은 어디에서 삽니까?
• 지금 살고 있는 집은 어떻습니까?

이야기해 봅시다

1 지금 사는 곳이 어떻습니까? 보기 와 같이 이야기하십시오.

① 흐엉

② 타오

③ 노라

④ 주앙

사는 곳	신촌 하숙집	학교 기숙사	한강 근처 오피스텔	이태원 원룸
	아주머니가 아침밥을 해 주세요.	가까워요.	한강을 볼 수 있어요.	근처에 식당이 많아요.
	방이 좁아요.	지하철역이 멀어요.	관리비가 비싸요.	시끄러워요.

보기

가: 흐엉 씨, 지금 어디에 살아요?

나: 신촌에 있는 하숙집에 살아요.

가: 그래요? 하숙집이 어때요?

나: 아주머니가 아침밥을 해 주셔서 좋아요.

가: 불편한 건 없어요?

나: 방이 좀 좁아요. 방이 더 넓었으면 좋겠어요.

아침밥 관리비 이태원 불편하다

2 다른 곳으로 이사하고 싶습니다. 다음 표현을 사용하여 보기와 같이 이야기하십시오.

좋은 점	나쁜 점	집을 알아보는 방법
조용해요.	시끄러워요.	인터넷으로 찾아요.
깨끗해요.	더러워요.	친구들에게 물어봐요.
싸요.	비싸요.	집 찾기 앱으로 찾아요.
가까워요.	멀어요.	
방이 넓어요.	방이 좁아요.	
방이 밝아요.	방이 어두워요.	
교통이 편리해요.	교통이 불편해요.	
근처에 식당이 많아요.	근처에 식당이 많지 않아요.	

① 하숙집 → 원룸

② 기숙사 → _____

③ 오피스텔 → _____

④ 원룸 → _____

보기

가: 저 이사하고 싶어요.
나: 왜요? 무슨 문제가 있어요?
가: 조용하지만 방이 좀 어두워요.
나: 어디로 이사하고 싶어요?
가: 원룸으로 이사하고 싶어요.
나: 어떤 곳이었으면 좋겠어요?
가: 방이 밝았으면 좋겠어요. 좋은 집은 어떻게 찾아요?
나: 저는 인터넷으로 찾았어요
가: 그럼 저도 인터넷으로 알아봐야겠어요.
나: 좋은 집을 잘 찾아 보세요.

점 알아보다 앱(app) 이사하다

III. 써 봅시다

여러분이 살고 싶은 집은 어떤 집입니까? 친구와 이야기하고 그 집에 대해 쓰십시오.

질문	친구	나
어디에서 살고 싶어요?		
그 집이 어디에 있었으면 좋겠어요?		
왜 그곳에서 살았으면 좋겠어요?		
집이 어땠으면 좋겠어요?		
집 근처에 무엇이 있었으면 좋겠어요?	☐ 지하철역 ☐ 편의점 ☐ 병원 ☐ 공원 ☐ 식당 ☐ 백화점 ☐	☐ 지하철역 ☐ 편의점 ☐ 병원 ☐ 공원 ☐ 식당 ☐ 백화점 ☐

내가 살고 싶은 집

저는 ________ 에서 살고 싶습니다. 그리고 그 집이 ________ 에 있었으면 좋겠습니다. ________ 기 때문입니다.

집은 ________

그리고 ________

집 근처에는 ________

4과 집

2. 교통은 편리한가요?

• 학습 목표: 집의 구조와 주변 환경에 대해 설명할 수 있다.

Ⅰ. 준비해 봅시다

- 이것이 무슨 광고입니까?
- 여러분은 집을 알아볼 때 무엇을 제일 중요하게 생각합니까?

이야기해 봅시다

1 새로 이사한 친구와 이야기합니다. 보기 와 같이 이야기하십시오.

1

2

3

4

보기

가: 저 지난주에 **오피스텔로** 이사했어요.

나: 그래요? 새로 이사한 집이 어떤가요?

가: **베란다가 있어서** 아주 좋아요.

나: **교통은 편리한가요**?

가: **네, 지하철역과 버스 정류장이 가까워서 아주 편리해요.**

나: 그렇군요. 좋은 집으로 이사를 해서 기쁘겠어요.

베란다 고시원 새로 편리하다

2 같이 살 룸메이트에게 집에 대해 설명합니다. 보기 와 같이 이야기하십시오.

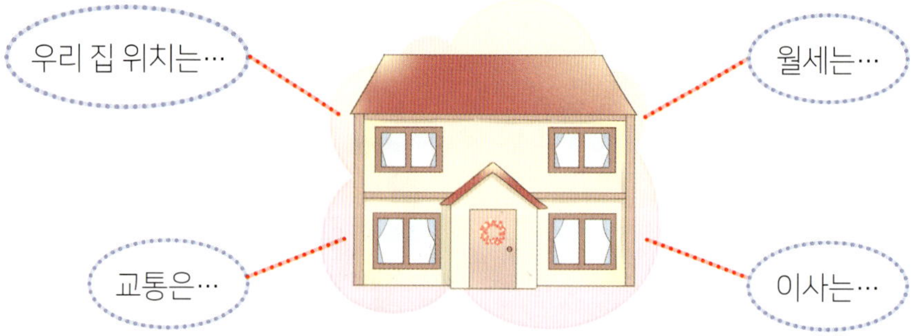

1

2

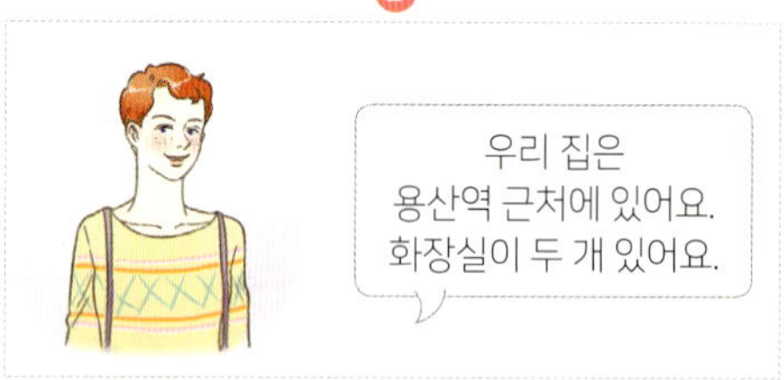

3

4

보기

가: 지금 사는 집 계약이 거의 끝나서 이사를 해야 해요.

나: 그래요? 저는 **룸메이트가 고향에 돌아가서** 같이 살 사람을 찾는 중이에요.

가: 정말요? 집이 어디인가요?

나: **신촌역 근처에 있는 아파트예요. 깨끗하고 거실도 넓어요.**

가: 월세는 얼마인가요?

나: **40만원이에요.**

가: 교통은 편리한가요?

나: **네, 신촌역이 가까워서 편리해요.**

가: 괜찮네요. 이사는 언제 할 수 있나요?

나: **다음 주부터** 할 수 있어요.

월세　거의　계약　룸메이트

III. 써 봅시다

룸메이트를 찾고 있습니다. 집을 소개하고 룸메이트를 찾는 글을 쓰십시오.

집	☐ 원룸 ☐ 오피스텔 ☐ 아파트 ☐
위치	
층	층
엘리베이터	☐ 있음 ☐ 없음
월세	원
교통	
가구 / 물건	
집안일	

룸메이트를 찾습니다

같이 살 룸메이트를 찾습니다.

제가 살고 있는 집은 아주 좋습니다.

우리 집은 이고 에 있습니다.

층이고 엘리베이터는

월세는

교통은

집에는

같이 살면 집안일은

집을 보고 싶으면 이메일이나 전화로 연락해 주세요.

엘리베이터 가구

1 보기 와 같이 이야기하십시오.

친구	고향	위치	유명한 것	
노라	노르웨이 오슬로	남부 해안	 바이킹	 피오르드

보기

가: 노라 씨, 방학에 뭘 했어요?

나: 오랜만에 고향에 가서 가족과 같이 즐거운 시간을 보냈어요.

가: 부럽네요. 노라 씨 고향은 어디인가요?

나: 제 고향은 노르웨이 오슬로예요. 오슬로에 가 봤어요?

가: 아니요, 못 가 봤어요.

나: 오슬로는 노르웨이 남부 해안에 있어요. 날씨가 좋고 자연도 아름답기 때문에 여행하기 좋아요.

가: 한번 가 봐야겠어요. 노르웨이는 뭐가 유명한가요?

나: 바이킹과 피오르드가 유명해요. 다음에 시간이 있을 때 꼭 한번 놀러 오세요.

2 다음 질문으로 친구와 이야기하십시오.

질문	친구	나
지금 어디에 살고 있나요?		
그 집을 어떻게 찾았나요?		
그 집에서 산 지 얼마나 됐나요?		
그 집의 좋은 점과 나쁜 점은 무엇인가요?		
집에 뭐가 있나요?		
집 근처에 뭐가 있나요?		

해안 바이킹 피오르드

3 지금 사는 집을 소개하는 글을 쓰십시오.

연습하기

문화

한국의 특산물

한국에서 여행을 한 적이 있습니까? 여러분은 거기에서 무엇을 했습니까? 사람들은 여행을 가면 구경도 하고 그곳에서 유명한 음식을 먹거나 유명한 물건을 사기도 합니다. 이러한 것들을 특산물이라고 합니다. 제주도는 귤이 유명합니다. 경기도는 쌀과 도자기, 강원도는 소고기와 옥수수 등이 잘 알려져 있습니다. 이러한 곳에서 나오는 특산물들은 다른 지역에서 나오는 것보다 좋기 때문에 옛날에는 왕에게 선물로 보내기도 했습니다. 이제 이러한 특산물들은 우체국에서도 주문할 수 있고 인터넷으로도 쉽게 살 수 있습니다.

1. 제주도에 가 봤습니까? 제주도는 무엇이 유명합니까?
2. 여러분의 고향에는 어떤 특산물이 있습니까?

05과

음식

1. 국물에 밥을 말아서 김치와 같이 먹어요

• 학습 목표: 음식을 소개하고 먹는 방법에 대해 이야기할 수 있다.

Ⅰ. 준비해 봅시다

- 이 음식들 중에서 좋아하는 음식이 무엇입니까?
- 그 음식은 어떻게 먹습니까?

이야기해 봅시다

1 친구에게 고향 음식을 소개하려고 합니다. 보기 와 같이 이야기하십시오.

① **유키** / 일본

② **타오** / 중국

③ **주앙** / 브라질

④ ____ / ____

타코야키 / 문어

베이징덕 / 오리고기

슈하스코 / 여러 가지 고기와 파인애플

?

____ / ____

타코야키에 소스를 뿌려요.

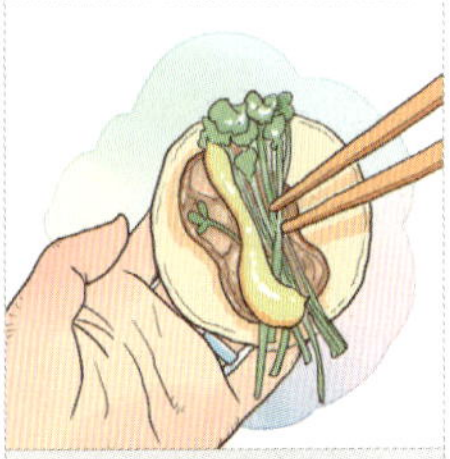
밀전병에 오리고기를 싸요.

슈하스코를 소스에 찍어요.

____

보기

가: 유키 씨, 일본 음식을 먹어 보고 싶은데 유명한 음식 좀 소개해 주세요.

나: 타코야키가 유명해요. 문어로 만든 음식인데 아주 맛있어요.

가: 그래요? 어떻게 먹어요?

나: 타코야키에 소스를 뿌려서 먹어요.

가: 저도 먹어 보고 싶네요.

나: 타코야키를 맛있게 하는 식당이 있는데 주말에 같이 갑시다.

문어 소스 뿌리다 오리고기 밀전병 싸다 슈하스코 파인애플 찍다

2 친구와 음식에 대해 이야기합니다. 보기 와 같이 이야기하십시오.

①	②	③	④

갈비탕 / 소갈비	**냉면** / 소고기 육수, 면	**빈대떡** / 녹두	/

보기

가: 점심에 뭘 먹을까요?

나: 갈비탕이 어때요? 갈비탕을 드셔 보셨어요?

가: 아니요, 못 먹어 봤어요. 어떤 음식이에요?

나: 소갈비로 만든 음식인데 몸에 좋고 맛도 좋아요.

가: 그래요? 그런데 갈비탕은 어떻게 먹어요?

나: 국물에 밥을 말아서 김치와 같이 먹어요.

가: 한번 먹어 보고 싶네요.

나: 그럼 갈비탕을 먹으러 갈까요?

가: 네, 좋아요.

나: 제가 자주 가는 식당이 있으니까 거기로 갑시다.

소갈비 소고기 육수 면 겨자 빈대떡 녹두 국물 말다

III. 써 봅시다

여러분은 한국 음식 중에서 무슨 음식을 가장 좋아합니까? 친구와 이야기하고 그 음식에 대해 쓰십시오.

질문	친구	나
가장 좋아하는 한국 음식이 뭐예요?		
왜 그 음식을 좋아해요?		
언제 처음 먹어 봤어요?		
그 음식은 무엇으로 만들어요?		
음식 맛은 어때요?		
어떻게 먹어요?		
그 음식을 자주 먹어요?		

내가 가장 좋아하는 음식

제가 가장 좋아하는 한국 음식은 ______ 제가 그 음식을 좋아하는 이유는 ______기 때문입니다. 저는 ______ 전에 ______을/를 처음 먹어 봤습니다.

______은/는 ______으로/로 만든 음식인데 ______ ______

______을/를 먹을 때는 ______ ______

저는 ______을/를 ______ ______ ______

05과 음식

2. 한국 음식을 만들어 본 적이 있어요?

• 학습 목표: 음식 재료와 요리법에 대해 설명할 수 있다.

Ⅰ. 준비해 봅시다

• 이 사람들이 무슨 음식을 만들고 있는 것 같습니까?

• 여러분은 무슨 음식을 만들 수 있습니까?

이야기해 봅시다

1 아침에 먹은 음식에 대해 이야기합니다. 보기 와 같이 이야기하십시오.

① 달걀찜	② 감자 베이컨 볶음	③ 삶은 달걀과 옥수수 샐러드	④ ____

<재료> · 달걀 두 개 물 한 컵 · 소금 조금	<재료> · 감자 두 개 베이컨 네 장 · 기름 조금	<재료> · 달걀 세 개 옥수수 세 숟가락, 채소 조금 · 마요네즈 조금	<재료> · ____ ____ · ____
1. 달걀과 물을 잘 섞어요. 2. 소금을 조금 넣어요. 3. 15분쯤 쪄요.	1. 감자를 썰어서 프라이팬에 볶아요. 2. 베이컨을 넣어요 3. 조금 더 볶아요.	1. 달걀을 8분쯤 삶아서 작게 썰어요. 2. 옥수수를 세 숟가락 넣어요. 3. ____	1. ____ 2. ____ 3. ____

보기

가: 안녕하세요? 일찍 오셨네요. 아침은 드셨어요?

나: 네, **달걀찜을** 만들어 먹었어요.

가: 그건 어떻게 만들어요?

나: 먼저 **달걀 두 개하고 물 한 컵을** 준비하세요. **소금 조금하고요**.

가: 그다음에는요?

나: **달걀하고 물을 잘 섞으세요**. 거기에다가 **소금을 조금 넣으세요**.
그리고 **15분쯤 찌세요**. 생각보다 쉬워요.

달걀찜 달걀 소금 섞다 넣다 찌다 재료 감자 베이컨 볶다 기름
프라이팬 삶다 채소 옥수수 샐러드 마요네즈 썰다

2 한국 음식을 만드는 방법입니다. 보기 와 같이 이야기하십시오.

① 궁중 떡볶이

양념: 간장 4숟가락, 설탕 2숟가락, 다진 마늘 조금

끓는 물에 떡을 넣고 2분 후에 불을 꺼요. → 프라이팬에 채소를 넣고 볶아요. → 떡과 고기와 양념을 넣고 2분쯤 더 볶아요.

② 미역국

양념: 간장 4숟가락, 소금 조금

찬물에 미역을 넣고 10분쯤 기다려요. → 냄비에 미역과 고기를 넣고 5분쯤 볶아요. → ______

③ 김치 볶음밥

양념: 간장 1숟가락, 다진 마늘 조금

프라이팬에 김치와 참치를 넣고 볶아요. → ______ → ______

보기

가: 한국 음식을 만들어 본 적이 있어요?
나: 네, 궁중 떡볶이를 만들어 본 적이 있어요.
가: 재료가 뭐예요?
나: 떡볶이 떡하고 소고기가 있어야 해요.
그리고 여러 가지 채소도 준비하세요.
양념은 간장하고 설탕하고 다진 마늘이에요.
가: 어떻게 만들어요?
나: 먼저 끓는 물에 떡을 넣고 2분 후에 불을 끄세요.
가: 그다음에는요?
나: 그다음에 프라이팬에 채소를 넣고 볶으세요.
거기에다가 떡과 고기와 양념을 넣고 2분쯤 더 볶으세요.
마지막에 참기름을 조금 뿌리면 더 맛있어요.
가: 별로 어렵지 않을 것 같아요.
나: 네, 한번 만들어 보세요. 생각보다 쉬워요.

궁중 떡볶이 떡 양념 간장 설탕 다지다 마늘 미역국 미역 찬물 냄비 고기 끓이다 볶음밥 참치 끓다 마지막 참기름 별로

Ⅲ. 써 봅시다

자주 만들어 먹는 음식이 무엇입니까? 그 음식을 만드는 방법을 쓰고 발표하십시오.

음식 이름	
음식 소개	
음식 재료	
만드는 순서	· 먼저 · 그다음에 · 그리고
더 맛있게 만드는 방법	
음식의 맛	

나의 ______ 요리법

여러분은 ______ 을/를 아십니까? ______ 을/를 먹어 본 적이 있습니까?

이 음식은 ______

이 음식의 재료로는 ______ 이/가 있어야 합니다. 그리고 ______ 도 준비해야 합니다.

이제 요리법을 소개하겠습니다. 먼저, ______

그다음에 ______

그리고 ______

더 맛있게 만들고 싶으면 ______

맛이 ______

만들기가 생각보다 어렵지 않으니까 여러분도 한번 만들어 보세요.

끝까지 들어 주셔서 고맙습니다.

요리법

06과 시장

1. 아마 마트에서 팔 거예요

• 학습 목표: 물건을 살 수 있는 여러 장소에 대해 설명할 수 있다.

Ⅰ. 준비해 봅시다

• 여기가 어디입니까?

• 여러분이 물건을 살 때 자주 가는 곳은 어디입니까?

I. 이야기해 봅시다

1 사고 싶은 것이 있습니다. 그 물건을 어디에서 사야 하는지 보기 와 같이 이야기하십시오.

❶ 

· 수건: 집에 수건이 별로 없어요.
· 칫솔?

❷ 

· 쌀: 집에서 밥을 해 먹어요.
· 콩?

❸ 

· 컵: 파티를 할 거예요.
· 풍선?

❹ 

· 이불: 부모님이 오셔서 주무실 거예요.
· 방석?

지하철역 근처 마트

아파트 근처 시장

보기

가: 유키 씨, 이 근처에 마트나 시장이 있어요?

나: 네, 있어요. 왜요?

가: 수건을 사려고 해요. 집에 수건이 별로 없어요.

나: 그럼 지하철역 근처 마트에 가 보세요. 거기에 있을 거예요.

가: 칫솔도 팔까요?

나: 아마 팔 거예요.

수건 칫솔 쌀 콩 풍선 이불 방석 마트 팔다

2 어디에서 사면 좋겠습니까? 보기와 같이 이야기하십시오.

😊	·집에서 가까워요. ·24시간 문을 열어요. ·음료를 2개 사면 1개를 더 줘요.
☹	·생활용품이 좀 비싸요. ·물건 종류가 많지 않아요.

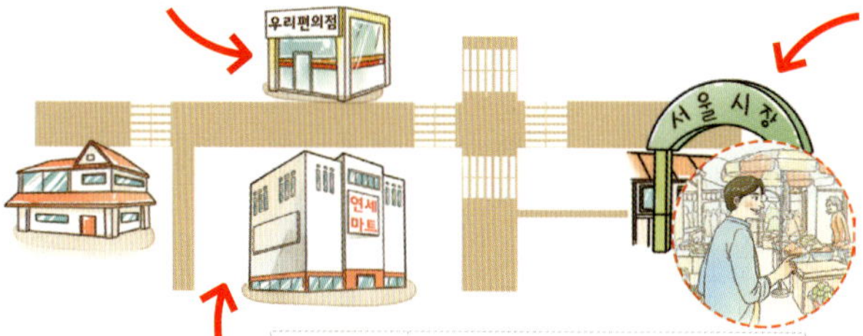

😊	·과일과 채소가 싱싱해요. ·값을 깎을 수 있어요. ·조금씩 살 수 있어요.
☹	·배달을 해 주지 않아요. ·교통이 복잡해요.

😊	·물건이 많아요. ·생활용품이 싸요. ·많이 사면 배달을 해 줘요.
☹	·조금씩 팔지 않아요. ·사람이 많아요.

1. 과일을 사고 싶어요.
2. 생활용품을 사고 싶어요.
3. 냉동식품을 사고 싶어요.
4. 식료품과 음료를 사고 싶어요.

보기

가: 과일을 사고 싶어요. 과일을 살 때 어디로 가세요?
나: 저는 서울 시장으로 가요.
가: 서울 시장이 좋아요?
나: 네, 서울 시장은 과일이 싱싱해서 좋아요.
가: 아, 그래요?
나: 네, 그리고 값을 깎을 수 있어요.
가: 연세 마트는 어때요?
나: 거기는 아마 사람이 많을 거예요.
가: 그럼 서울 시장으로 가야겠네요.
나: 네, 한번 가 보세요.

음료 생활용품 종류 싱싱하다 조금씩 냉동식품 식료품

III. 써 봅시다

집 근처에 자주 가는 마트나 시장이 있습니까? 그곳에 대해 친구와 이야기하고 그곳을 소개하는 글을 쓰십시오.

질문	친구	나
어디에 자주 가요?		
거기에서 뭘 팔아요?		
몇 시에 문을 열어요?		
쉬는 날이 있어요?		
거기에서 뭘 많이 사요?		
거기가 왜 좋아요?		
불편한 점도 있어요?		

내가 자주 가는 ______

우리 집 근처에 ______ 이/가 있습니다. 거기에서는 ______

저는 거기에서 ______ 을/를 삽니다. ______

______ 은/는 ______ 어서/아서/여서 좋습니다. 그리고 ______

06과 시장

2. 등산화를 사고 싶은데 어디에서 사면 좋을까요?

• 학습 목표: 쇼핑 장소를 추천할 수 있다.

Ⅰ. 준비해 봅시다

- 이 사람이 무엇을 살 것 같습니까?
- 여러분이 자주 쇼핑하는 곳은 어떤 점이 좋습니까?

이야기해 봅시다 **1** 에릭이 친구들에게 줄 선물을 사려고 합니다. 보기 와 같이 이야기하십시오.

① 등산화	등산을 시작했어요. 등산화가 없어서 불편해요.
② 가벼운 가방	학교에 다녀요. 가방이 무거워서 힘들어요.
③ 선풍기	집에 에어컨이 없어요. 더워서 힘들어요.
④ 귀걸이	이번 주 일요일이 생일이에요. 생일에 귀걸이를 받고 싶어요.

보기

가: 등산화를 좀 사고 싶은데 어디에서 사면 좋을까요?
나: 에릭 씨가 신을 거예요?
가: 아니요, 선물할 거예요.
친구가 등산을 시작했는데 등산화가 없어서 불편해해요.
나: 그럼 연세 백화점 스포츠 용품 매장에 가 보세요.
가: 그래요? 몇 층에 있어요?
나: 4층에 있어요. 상품 종류가 많으니까 가서 구경해 보세요.

가전제품 스포츠 용품 남성복 여성복 패션 잡화 등산화 선풍기 귀걸이 매장 상품

2 어디에서 사면 좋을까요? 보기 와 같이 이야기하십시오.

동대문시장 옷 종류도 많고 값도 싸요.	**용산 전자 상가** 여러 가지 제품을 구경하고 싸게 살 수 있어요.	**서울 문고** 여러 종류의 책도 많고 예쁜 공책과 볼펜도 많아요.	**한강 백화점** 매장이 깨끗하고 지하 1층에 건강식품을 파는 매장이 있어요.

보기

가: 겨울옷을 사야 하는데 어디에서 사면 좋을까요?

나: 동대문 시장에 가 보세요.

가: 동대문 시장은 어디에 있어요?

나: 동대문역사문화공원역에서 가까워요.

가: 저는 아직 한 번도 안 가 봤어요.

나: 옷 종류도 많고 값도 싸니까 한번 가 보세요.

가: 주말에 가 보고 싶은데 시간 있으면 같이 갈까요?

나: 네, 좋아요. 제가 같이 가서 안내해 드리겠어요.

가: 쇼핑을 하고 저녁도 같이 먹어요.

나: 그럼 주말에 만나요.

건강식품　전자 상가　제품　문고　동대문역사문화공원역　안내하다

III. 써 봅시다

친구들에게 쇼핑 장소를 추천하려고 합니다. 그 장소에 대해 글을 쓰고 발표하십시오.

쇼핑 장소	
위치	
살 수 있는 물건	
그곳을 좋아하는 이유	

내가 쇼핑하러 가는 곳

여러분에게 쇼핑하기 좋은 곳을 알려 드리겠습니다. 저는 쇼핑을 하러 에 갑니다. 은/는 에 있습니다.

제가 그곳을 좋아하는 이유는 여러 가지가 있습니다. 첫째, 기 때문입니다. 둘째, 셋째,

여러분들도 시간이 있으면 한번 가 보십시오.
제 발표는 여기까지입니다. 들어 주셔서 감사합니다.

첫째 둘째 셋째

복습 5-6과

1 보기 와 같이 이야기하십시오.

음식 이름	재료	요리법과 먹는 방법
감자탕	돼지 등뼈, 감자, 채소	돼지 등뼈와 감자와 채소를 끓여서 만들어요. 고기와 채소를 먹어요. 국물에다가 밥을 볶아서 먹어요.

보기

가: **노라 씨,** 요즘 맛있게 먹은 음식이 있어요?

나: 네, **감자탕을** 먹었는데 아주 맛있었어요.

가: 그래요? **감자탕은** 어떤 음식이에요?

나: **돼지 등뼈와 감자와 채소로** 만든 음식인데 정말 맛있어요.

가: 어떻게 만들어요?

나: **돼지 등뼈와 감자와 채소를 같이 끓여서 만들어요**.

가: 저는 먹어 본 적이 없어서 한번 먹어 보고 싶네요.

나: **고기와 채소를 먹고 국물에다가 밥을 볶아서 먹으면 좋아요**.

가: **정말 맛있겠네요**. 다음에 같이 먹으러 가요.

나: 그래요. 좋아요.

2 다음 질문으로 친구와 이야기하십시오.

질문	친구	나
한국에서 어느 시장에 가 봤어요?		
왜 거기에 갔어요?		
거기에서 뭘 샀어요?		
그 시장에서 음식도 팔아요?		
무슨 음식을 사 먹었어요?		
거기에서 뭘 사면 좋을까요?		

감자탕 등뼈

3 한국에서 가 본 시장과 그 시장에서 먹은 음식을 소개하는 글을 쓰십시오.

연습하기

문화

한식 상차림

한식 상차림에서 밥은 왼쪽, 국은 오른쪽에 놓고 숟가락과 젓가락은 상의 오른쪽에 놓습니다. 한식 상차림에서 밥, 국, 김치, 찌개는 기본이고 더해지는 반찬 수에 따라서 3첩 반상, 5첩 반상, 7첩 반상, 9첩 반상이라고 불렀습니다. 손님을 초대하면 집주인은 상을 차린 후 손님들에게 “차린 것은 없지만 많이 드세요.”라고 인사하고 초대 받은 사람들은 식사하기 전에 “잘 먹겠습니다.”라고 인사합니다. 식사를 끝낼 때는 다른 사람들 모두 다 먹을 때까지 기다린 후에 “잘 먹었습니다.”라고 인사하고 식사를 같이 끝냅니다.

1. **한식 상차림에서 밥과 국을 어느 쪽에 놓습니까?**
2. **여러분 나라에서는 식사하기 전에 하는 인사말이 있습니까?**

07과 쇼핑

1. 한번 입어 봐도 돼요?

• 학습 목표: 사고 싶은 물건에 대해 설명할 수 있다.

Ⅰ. 준비해 봅시다

- 이 사람들이 뭘 하고 있습니까?
- 여러분은 무슨 색 옷을 사고 싶습니까?

I. 이야기해 봅시다

1 옷 가게에서 옷을 사려고 합니다. 다음 표현을 사용하여 보기 와 같이 이야기하십시오.

옷 가게에 들어가서	옷을 입어 보기 전에	옷을 입어 본 후에
· **원피스** 좀 사려고요.	· 한번 입어 봐도 돼요?	· 저한테 좀 **커요**.
· **양복** 좀 사고 싶어요.	· 좀 입어 보고 싶어요.	· 다른 색은 없나요?
· **블라우스** 좀 보여 주세요.	· 이거 입어 볼 수 있나요?	· 좀 **짧은** 것 같아요.
· **운동복** 있어요?		· 괜찮네요. 이 옷 주세요.

보기

가: 어서 오세요. 뭘 찾으세요?

나: 원피스 좀 보여 주세요.

가: 이 분홍색 원피스 어떠세요? 요즘 유행이에요.

나: 한번 입어 봐도 돼요?

가: 네, 입어 보셔도 돼요.

…… (손님이 갈아입은 후) ……

어떠세요?

나: 좀 짧은 것 같아요.

원피스 블라우스 운동복 분홍색 유행이다 갈아입다

2 어떤 옷이 좋을까요? 보기와 같이 이야기하십시오.

①	②	③	④
주말에 여자 친구 부모님과 식사를 해요.	아르바이트 할 회사의 사장님을 만나러 가요.	첫 출근을 할 거예요.	친구의 결혼식에 가요.
모자 (×)	티셔츠 (×)	(×)	(×)

보기

가: 주말에 여자 친구 부모님과 식사를 해요. 어떻게 입으면 좋을까요?

나: 셔츠와 바지를 입는 게 어때요?

가: 그게 좋겠네요. 무슨 색이 좋을까요?

나: 파란색 셔츠가 어때요? 그리고 파란색 셔츠에는 회색 바지가 좋을 것 같아요.

가: 괜찮을 것 같네요. 신발은 어떻게 할까요?

나: 검은색 구두를 신으세요.

가: 네, 알겠어요. 정말 고마워요.

나: 참, 윗사람과 식사할 때 모자를 쓰면 안 돼요.

가: 그렇군요. 이야기해 줘서 고마워요.

나: 쇼핑 잘 하고 오세요.

점퍼 조끼 긴치마 청바지 반바지 스카프 샌들 첫 회색 윗사람

III. 써 봅시다

여러분이 사고 싶은 물건 세 가지를 골라 사고 싶은 이유를 쓰고 발표하십시오.

가장 사고 싶은 물건	
사고 싶은 이유	
두 번째로 사고 싶은 물건	
사고 싶은 이유	
세 번째로 사고 싶은 물건	
사고 싶은 이유	

내가 사고 싶은 세 가지 물건

제가 사고 싶은 물건 세 가지를 이야기하겠습니다.

가장 사고 싶은 것은 ______ 입니다.

왜냐하면 ______

______ 기 때문입니다.

두 번째로 사고 싶은 것은 ______ 입니다.

______

______

세 번째로 사고 싶은 것은 ______ 입니다.

______

______

저는 돈을 모아서 꼭 그 물건들을 사겠습니다.

제 발표는 여기까지입니다. 들어 주셔서 감사합니다.

가장 두 번째 세 번째

07과 쇼핑

2. 얼마나 마음에 드는지 몰라요

• 학습 목표: 구입한 물건의 장단점을 설명할 수 있다.

Ⅰ. 준비해 봅시다

- 이 가방은 어떤 점이 좋습니까?
- 여러분이 산 물건 중에서 가장 좋아하는 것이 무엇입니까?

I. 이야기해 봅시다

1 쇼핑한 물건에 대해 이야기합니다. 다음 표현을 사용하여 보기 와 같이 이야기하십시오.

색깔	
밝아요	어두워요
연해요	진해요

디자인	
단순해요	복잡해요
귀여워요	화려해요

무늬	
꽃무늬예요	줄무늬예요
체크무늬예요	얼룩무늬예요
물방울무늬예요	무늬가 없어요

사이즈	
커요	작아요
잘 맞아요	안 맞아요

① **이태원** / 원피스

② **명동** / 셔츠

③ **강남역** / ______

④ ______ / 가방

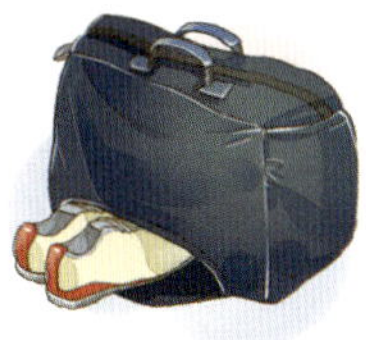

보기

가: 주말에 뭐 했어요?

나: **이태원에서** 쇼핑했어요. **원피스를 새로 샀어요.**

가: 무슨 색이에요?

나: **빨간색인데** 색깔이 **진하고** 디자인이 **귀여워요.**

가: 무늬도 있어요?

나: 무늬는 **물방울무늬이고** 사이즈도 **잘 맞아서** 얼마나 마음에 드는지 몰라요.

색깔 밝다 어둡다 연하다 진하다 디자인 단순하다 화려하다 무늬
꽃무늬 줄무늬 체크무늬 얼룩무늬 물방울무늬 사이즈 맞다 마음에 들다

2 쇼핑한 물건의 좋은 점에 대해 보기 와 같이 이야기하십시오.

①	②	③	④
			?
· 색깔이 진해서 쉽게 더러워지지 않아요. · 주머니가 많아서 편해요. · 사이즈가 커요.	· 제가 좋아하는 파란색이에요. · 길어서 따뜻해요. · 무늬가 ______	· 제 치마에 잘 맞는 색깔이에요. · ______ · ______	· ______ · ______ · ______

보기

가: 가방을 새로 사셨군요! 처음 보는 거예요.
나: 지난주에 샀어요. 어때요? 괜찮아요?
가: 네, 좋아요. 비쌀 것 같아요.
나: 세일을 해서 얼마나 싸게 샀는지 몰라요.
가: 잘 사셨네요. 색깔이 참 좋아요.
나: 색깔이 진해서 쉽게 더러워지지 않아요.
가: 디자인도 좋고요.
나: 맞아요. 그리고 주머니가 많아서 편해요.
가: 가방이 마음에 들어요?.
나: 네, 사이즈가 커서 얼마나 마음에 드는지 몰라요.

III. 써 봅시다

한국에서 산 물건 중에서 제일 좋아하는 물건이 무엇입니까? 친구와 같이 이야기하고 그 물건에 대해 쓰십시오

질문	친구	나
뭘 샀어요?		
언제 샀어요?		
어디에서 샀어요?		
어떤 점이 마음에 들어요?		
마음에 안 드는 점도 있어요?		

이것은 제가 한국에서 산 ________

이에요./예요. ________

____

이것은 ________ 어서/아서/여서 참 마음에 들어요.

____

____

________ 그렇지만

____

____

다음에도 마음에 드는 물건을 사면 소개하겠습니다.

좋아요

최주앙 님 외 4명

멋있어요. 잘 샀어요. 편할 것 같아요.

답글을 남겨 주세요.

GIF

답글

08과 초대

1. 친구들과 같이 송별회를 할까 해

• 학습 목표: 모임에 대해 설명하고 초대할 수 있다.

I. 준비해 봅시다

- 이 사람들이 무엇을 하고 있습니까?
- 여러분은 어떤 모임에 가 봤습니까?

이야기해 봅시다

1 모임에 친구를 초대하려고 합니다. 보기 와 같이 이야기하십시오.

목	금	토	일
14	15 ① **웨이 송별회** 연세 식당 (저녁 7시)	16 ② **생일 파티** 우리 집 (저녁 6시)	17
21	22 ③ **영화 동호회 모임** 카페 하루 (오후 5시)	23	24 ④ **외국인 유학생 모임** 수라 식당 (오후 2시)

보기

가: 유키, **이번 주 금요일 오후에** 시간이 있어?

나: 응, 왜? 무슨 일 있어?

가: **웨이 송별회를** 할까 해.

나: 그래? 어디에서 할 거야?

가: 장소는 **연세 식당이고** **저녁 7시부터** 할까 하는데 너도 왔으면 좋겠어.

나: 알았어, 나도 갈 수 있을 것 같아.

송별회 동호회 모임 유학생

2 초대 메시지를 받았습니다. 보기 와 같이 이야기하십시오.

①

동창회에 초대합니다.

오랜만에
친구들과 만나요.

시간: 6월 19일 금요일
저녁 7시-9시
장소: 신촌 갈비
회비: 20,000원

②

영화 동호회
'보고 또 보고'와
함께 해요.

한국 영화도 보고
한국말도 배울 수 있어요.

시간: 6월 20일 토요일
오후 1시
장소: 여의도 극장
회비: 25,000원

③

한국 생활 동아리
'한국 좋아'와 함께 하는
소풍에 초대합니다.
한국 친구도 사귀고
소풍도 같이 가요.

시간: 6월 21일 일요일
오전 11시
장소: 서울숲
준비할 것: 도시락, 음료

④

외국인 동아리
'우리'의 연극과 뒤풀이,
모두 함께 해요!
연극도 보고 뒤풀이도
함께 할 수 있어요.

시간: 6월 21일 일요일
오후 5시
장소: 홍대 극장 마당
회비: 15,000원

보기

가: 너 **동창회** 초대 메시지 받았어?
나: 응, 받았어. **이번 주 금요일이지**?
가: 맞아, 갈 수 있어?
나: 응, 특별한 일이 없으면 갈까 해.
가: **오랜만에 친구들을 만날 수 있으니까** 같이 가.
나: 그래. 어디에서 만날까?
가: 모임 장소가 **신촌이니까 신촌 지하철역에서** 만났으면 좋겠어.
나: 좋아. 그런데 **회비가 얼마지**?
가: **회비는 20000원이야.**
나: **기대가 되네.**

동창회　초대하다　회비　여의도　동아리　서울숲　도시락　연극　뒤풀이
특별하다　기대가 되다

III. 써 봅시다

다음 중 무슨 모임을 하겠습니까? 모임 계획을 세우고 초대하는 글을 쓰십시오.

무슨 모임을 할까?	□ 유학생 모임 □ 동호회 □ 파티 □ 가수/배우 팬 모임 □ ________
누구를 초대할까?	
모임에서 뭘 할까?	
언제 할까?	
어디에서 할까?	
회비는 얼마가 좋을까?	

________에 초대합니다.

요즘 한국 생활이 재미있습니까? 한국 생활을 즐겁게 해 줄 모임이 있습니다!

____

모임에 오시면 ________

____

________을/ㄹ 수 있습니다. 날짜는 ________ 이고 시간은 ________ 입니다. 모임 장소는 ________ 입니다. 회비는 ________

한국 생활을 더 재미있게 하고 싶은 분들은 모두 오셨으면 좋겠습니다. 더 알고 싶은 것이 있으면 연락해 주세요.

연락처: ________

팬

08과 초대

2. 케이크를 만들어 가지고 갈 거야

• 학습 목표: 여러 가지 상황에 맞는 선물을 추천할 수 있다.

Ⅰ. 준비해 봅시다

- 여러분은 다른 사람에게서 초대를 받은 적이 있습니까?
- 초대를 받으면 무슨 선물을 가지고 가겠습니까?

이야기해 봅시다

1 초대를 받아서 선물을 준비하려고 합니다. 보기 와 같이 이야기하십시오.

① 친구의 결혼 축하 모임

찻잔

벌써 준비했을 거예요.

커플 티셔츠

② 중국 친구의 집들이

벽시계

중국에서는 벽시계를 선물하지 않아요.

향초

③ 친구 아기의 돌잔치

금반지

너무 비싸요.

?

④ 선배의 대학원 졸업식

꽃다발

만년필

보기

가: 친구의 결혼 축하 모임에 초대를 받았어. 무슨 선물이 좋을까?

나: 네가 생각하고 있는 선물은 뭐야?

가: 나는 찻잔을 사 가지고 갈까 하는데 어때?

나: 찻잔은 선물하지 마. 벌써 준비했을 거야.

가: 그럼 어떤 선물이 좋을까?

나: 커플 티셔츠는 어때? 받으면 좋아할 거야.

찻잔 집들이 벽시계 향초 돌잔치 금반지 선배 만년필

2 모임에 초대를 받은 두 사람이 선물을 준비하려고 합니다. 보기 와 같이 이야기하십시오.

① 노라의 생일 파티	② 리에의 송별회
③ 민철 선배의 결혼식	④ 윤아의 집들이

보기

가: 여보세요? **주앙,** 나 **유키야.**

나: 응, **유키야.** 무슨 일이야?

가: 너도 **노라의 생일 파티에** 초대 받았지?

나: 응, 너는 무슨 선물을 준비할 거야?

가: 나는 **향수를 살까** 하는데 너는?

나: 나는 **케이크를 만들어 가지고** 갈 거야.

가: 우리 파티에 가기 전에 만나서 **꽃다발도 사 가지고 갈까?**

나: 그래. 그것도 좋겠네.

가: 그럼 내일 만나서 **같이 가.**

나: 응, 내일 봐.

목욕용품 주방용품 쿠션 세제 와인 쿠키 화분

III. 써 봅시다

친구들과 문자 메시지로 대화하고 있습니다. 문자 메시지를 읽고 무슨 선물이 좋을지 답글을 쓰십시오.

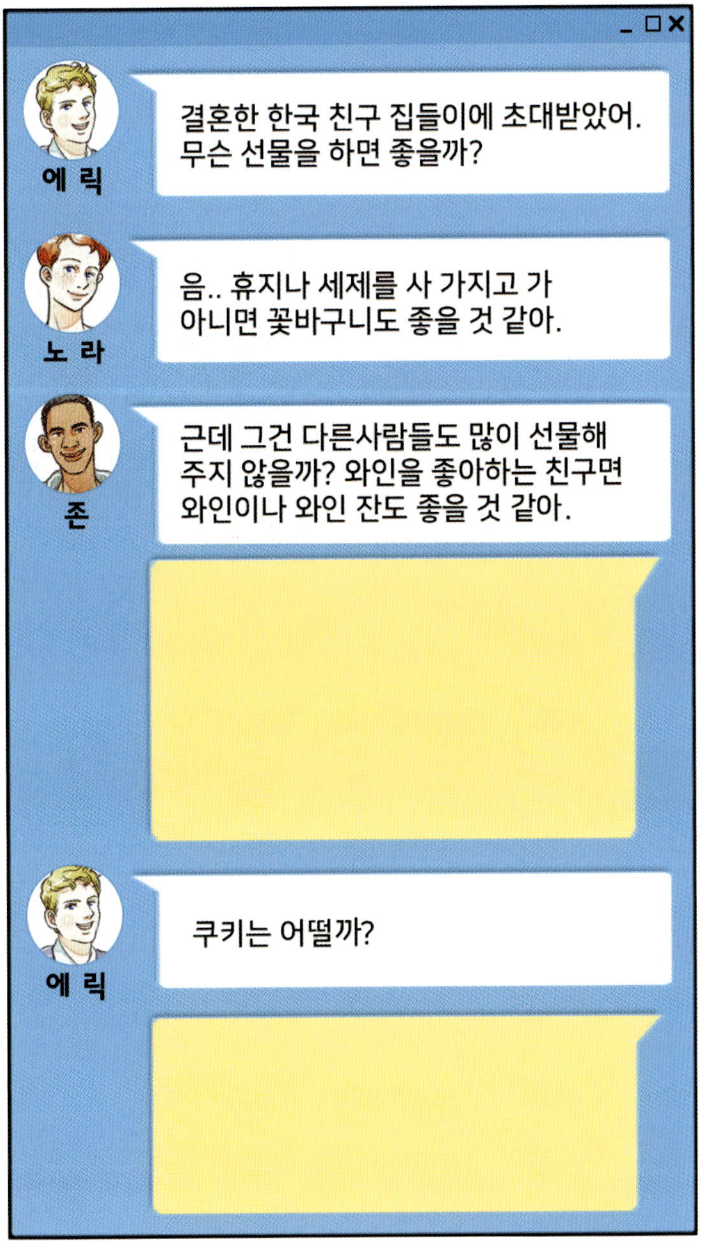

꽃바구니

1 보기 와 같이 이야기하십시오.

입고 있는 옷	디자인	색	더 살 것
	단순한 디자인	어두운 색 x → 밝은 색 o	까만색 구두

보기

가: **이 블라우스에 어떤 치마가** 어울릴까?

나: **블라우스의 디자인이 화려하니까 치마의 디자인은 단순한 게** 좋을 것 같아.

가: 색은 **어두운 색이** 좋겠지?

나: 아니, **어두운 색은 사지 마.**

가: 그럼 **조금 밝은 색을** 사야겠다.

나: **신발도** 살 거야?

가: 응, **신발은 까만색 구두를** 살까 해.

나: 그래. 그럼 같이 보러 가자.

2 다음 질문으로 친구와 이야기하십시오.

질문	친구	나
유학생 바자회를 언제 할까?		
어디에서 할까?		
누구를 초대할까?		
같이 무엇을 할까?		
초대장에 무슨 내용을 쓸까?		

어울리다 바자회 초대장

3 모임에 초대하는 글을 쓰십시오.

연습하기

문화

한국의 옷과 신발 치수

한국에서 옷이나 신발을 산 적이 있습니까? 한국에서 옷 치수는 숫자를 사용하여 85, 90, 95, 100, 105, 110이라고 합니다. "90 사이즈 주세요." 라고 하거나 "저는 100을 입어요."라고 말합니다. 여성 정장의 치수는 44, 55, 66, 77, 88 등의 숫자를 사용하여 "이 정장 66(육육) 사이즈 있어요?" 라고 이야기합니다. 또 XS, S, M, L, XL, XXL를 사용하여 "이 티셔츠 L(라지) 사이즈 있어요?"라고 이야기할 수도 있습니다. 그리고 한국의 신발 치수는 230, 235, 240, 245, 250, 270, 275(mm)를 사용하여 "이 운동화 240밀리 있어요?"라고 하거나 "이 구두 270 주세요."라고 이야기합니다.

		S	M	L	XL	XXL
한국		90(55)	95(66)	100(77)	105(88)	110
중국		36	38	39	42	44
일본	여	55	66	77	88L	-
	남	M/38	L/40	LL(XL)42	44	46
미국	여	4	6	8	10	12
	남	90-95	95-100	100-105	105-110	110~
프랑스	여	36	38	40	42	44
	남	46	48	50	52	54

1. **한국에서 옷이나 신발을 살 때 치수를 어떻게 말해요?**
2. **여러분 나라에서는 옷과 신발의 치수는 어떻게 말해요?**

09과 약속

1. 11시에 하늘 공원에서 만나는 게 어떠니?

• 학습 목표: 약속 시간과 약속 장소를 정할 수 있다.

Ⅰ. 준비해 봅시다

- 노라와 흐엉이 몇 시에 어디에서 약속이 있습니까?
- 여러분은 약속을 하면 보통 어디에서 친구를 만납니까?

Ⅰ. 이야기해 봅시다

1 친구와 약속을 하려고 합니다. 다음 표현을 사용하여 보기 와 같이 이야기하십시오.

이야기를 시작할 때	대답할 때
· **주말에** 시간 있니? · **주말에** 약속 있니? · **주말에** 뭐 할 거니?	· 시간 있는데 왜? · 약속 없는데 왜? · 특별한 일 없는데 왜?

①

②

③

④

보기

가: 드디어 금요일이다! 주말에 뭐 할 거니?

나: 특별한 일 없는데 왜?

가: 나는 공원에서 자전거를 탈까 하는데 같이 탈까?

나: 그래, 좋아.

가: 그럼 11시에 하늘 공원에서 만나는 게 어떠니?

나: 그래, 거기로 갈게.

드디어

2 에릭이 친구와 전화로 약속을 합니다. 보기 와 같이 이야기하십시오.

	누구와	언제	무엇을	약속 시간 / 약속 장소
1	 유키	일요일	북한산 등산	아침 9시/신촌역 2번 출구
2	 존	금요일	한국 요리 교실	저녁 7시/서울 문화 센터
3	 윤아	토요일	영화 보기	/
4				/

보기

가: 여보세요? 유키니? 나 에릭이야.
나: 응, 무슨 일이니?
가: 너 이번 주 일요일에 시간 있니?
나: 응, 시간 있는데 왜?
가: 북한산으로 등산을 가려고 하는데 너도 같이 가는 게 어떠니?
나: 좋아. 특별한 일 없어서 집에서 쉴까 했어.
가: 잘됐다. 같이 가.
나: 몇 시까지 어디로 가면 되니?
가: 아침 9시에 신촌역 2번 출구 앞에서 만나.
나: 알았다. 9시까지 갈게.

북한산　문화 센터

Ⅲ. 써 봅시다

지난 주말에 누구를 만났습니까? 그 사람과 무엇을 했는지 이야기하고 일기를 쓰십시오.

질문	친구	나
누구를 만났니?		
언제 만났니?		
어디에서 만났니?		
날씨가 어땠니?		
같이 무엇을 했니?		

나의 일기

____ 월 ____ 일 ____ 요일 날씨 ____

________________ 을/를 만났다.

09과

약속

2. 급한 일이 생겨서 약속을 지키지 못하게 됐어

• 학습 목표: 약속을 취소하거나 변경할 수 있다.

Ⅰ. 준비해 봅시다

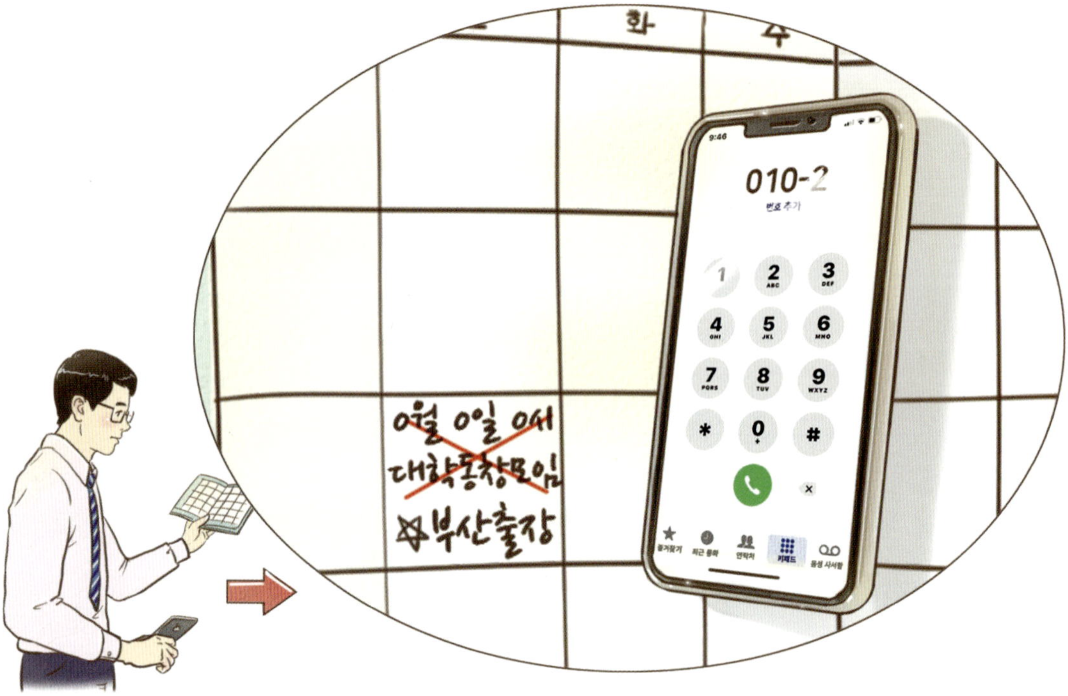

- 이 사람이 친구에게 전화해서 무슨 말을 할 것 같습니까?
- 여러분은 약속을 취소한 적이 있습니까?

I. 이야기해 봅시다

1 후배와 한 약속을 지킬 수 없어서 약속을 취소해야 합니다. 다음 표현을 사용하여 보기 와 같이 이야기하십시오.

이야기를 시작할 때	약속을 취소할 때
· 우리 약속 있지?	· 미안하지만 못 갈 것 같다.
· 우리 약속 말이야.	· 약속을 지키지 못하게 됐어. 미안하다.
· 우리 약속 때문에 전화했어.	· 약속을 취소해야 할 것 같다. 미안하다.

보기

가: 여보세요? 나 **에릭이야**. **우리 약속 말이야**.

나: 네. 무슨 일이 있어요?

가: **미안하지만 못 갈 것 같다**.

나: 네? 왜요?

가: **갑자기 급한 일이 생겨서** 약속을 지키지 못하게 됐어.
다음에 보자.

나: 네. 알겠어요. **다음에 만나야겠네요**.

취소하다　갑자기　급하다　생기다

2 친구와 한 약속을 변경해야 합니다. 보기 와 같이 이야기하십시오.

① 화	수	② 목	③ 금	④ 토
오늘 레오와 저녁 약속 이유 : 저녁까지 일 장소 : ~~강남역~~ → 회사 앞 한식집		이틀 후 주앙과 점심 약속 이유 : 11시에 회의 시간 : ~~11시~~ → ______ 시	영수와 영화 보는 약속 이유 : ______ 날짜 : ~~금요일~~ → ______	존과 농구 약속 이유 : ______ ______ : ~~______~~ → ______

보기

가: 여보세요? 레오지? 나 에릭이야.
오늘 저녁 약속 때문에 전화했어.

나: 응, 무슨 일이니?

가: 미안하지만 강남역에 못 갈 것 같다.

나: 왜?

가: 저녁까지 일을 하게 됐어.

나: 그러니? 그럼 어떻게 하지?

가: 미안하지만 약속 장소를 좀 바꿨으면 좋겠다. 강남역은 안 될 것 같은데
회사 앞 한식집은 어때? 괜찮니?

나: 응, 괜찮아.

가: 그럼 거기에서 보자.

나: 그러자. 늦지 마라.

이틀

Ⅲ. 써 봅시다

후배와 한 약속을 지킬 수 없게 되었습니다. 약속을 취소하는 문자 메시지와 변경하는 문자 메시지를 쓰십시오.

<약속 취소>

시작하는 말 →

약속을 취소하는 말 →

약속을 취소하는 이유 →

끝인사 →

<약속 바꾸기>

← 시작하는 말

← 약속을 바꾸는 말

← 약속을 바꾸는 이유

← 약속 시간 약속 장소

← 끝인사

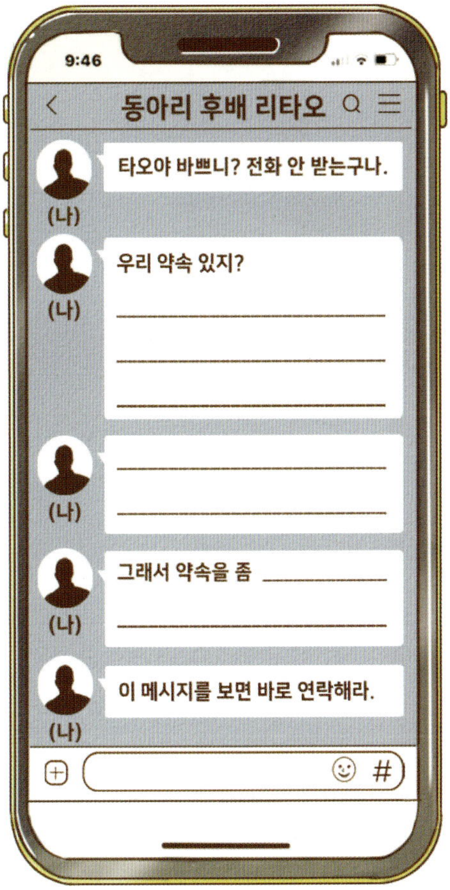

후배 끝인사

10과 부탁

1. 미안한데 숙제 좀 도와줄래?

• 학습 목표: 가까운 사람에게 개인적인 부탁을 할 수 있다.

Ⅰ. 준비해 봅시다

- 이 사람들에게 무슨 문제가 있습니까?
- 여러분은 이럴 때 누구에게 이야기하겠습니까?

이야기해 봅시다

1 친구에게 부탁을 하려고 합니다. 다음 표현을 사용하여 보기 와 같이 이야기하십시오.

부탁을 하기 전에

- 지금 바빠?
- 잠깐 시간 있어?
- 할 말이 좀 있는데…….

부탁을 할 때

- **숙제** 좀 **도와줄** 수 있니?
- 미안한데 **숙제** 좀 **도와줄래?**
- 부탁이 있는데 **숙제** 좀 **도와줄** 수 있어?

①

②

③

④

보기

가: 주앙, 잠깐 시간 있어?

나: 왜? 무슨 일이야?

가: 혼자 숙제하기가 어려워. 미안한데 숙제 좀 도와줄래?

나: 응, 도와줄게.

가: 고마워. 내가 커피 살게.

나: 아니야, 괜찮아.

부탁하다 도와주다 잃어버리다

2 친구에게 부탁할 일이 있습니다. 보기 와 같이 이야기하십시오.

❶
·노트북을 써야 하는데 내 노트북에 문제가 좀 생겼어.
·사흘

❷
·여행을 가는데 강아지를 봐 줄 사람이 없어.
·나흘

❸
·이사를 가는데 그 집에 바로 들어갈 수 없어.
·

❹
·
·

보기

가: 지금 바빠?
나: 괜찮아. 무슨 일이야?
가: 미안한데 노트북 좀 빌려 줄 수 있어?
나: 왜?
가: 노트북을 써야 하는데 노트북에 문제가 좀 생겼어.
나: 얼마 동안?
가: 사흘쯤 빌렸으면 좋겠어.
나: 그래, 그렇게 해.
가: 고맙다. 내가 밥 살게.
나: 괜찮아.

문제 사흘 나흘 바로 빌려주다

III. 써 봅시다

급한 일이 생겨서 고향에 갔다가 와야 합니다. 친구에게 부탁하는 이메일을 쓰십시오.

제목	
첫인사	
고향에 가는 이유	
부탁하고 싶은 것	1.
	2.
끝인사	

보낸 사람 @

받는 사람 @

제 목 나 이 름 이야/야

안녕? 이번 주에도 일이 많니? 전화했는데

내가 어서/아서/여서

고향에 가게 됐어. 쯤 갔다가 올 거야. 그래서 부탁 좀 하려고 하는데 도와줄래?

그리고 부탁할 게 하나 더 있어.

너도 바쁠 것 같은데 이런 부탁을 해서 정말 미안하다. 고향에 갔다가 오면 내가

그럼 잘 지내고 있어. 내가 다시 연락할게. 안녕.

씀

제목 첫인사

10과 부탁

2. 죄송합니다만 사진 좀 찍어 주실 수 있으세요?

• 학습 목표: 여러 상황에서 적절하게 부탁할 수 있다.

Ⅰ. 준비해 봅시다

- 이 사람들이 무슨 부탁을 하고 있을까요?
- 처음 보는 사람에게 부탁을 한 적이 있습니까?

. 이야기해 봅시다

1 부탁을 하려고 합니다. 다음 표현을 사용하여 보기 와 같이 이야기하십시오.

부탁을 하기 전에	
· 저 · 저기 · 저기요	· 부탁 드릴 게 있는데요.

부탁을 할 때	
· 실례지만 · 죄송하지만 · 죄송합니다만	· **사진 좀 찍어** 주세요. · **사진 좀 찍어** 주시겠습니까? · **사진 좀 찍어** 주실 수 있으세요?

1

2

3

4

보기

가: 저기요, 부탁 드릴 게 있는데요.

나: 네, 무슨 일이세요?

가: 죄송합니다만 사진 좀 찍어 주실 수 있으세요?

나: 네, 찍어 드릴게요.

가: 감사합니다.

나: 뭘요.

저 저기 저기요

2 윗사람에게 부탁을 하려고 합니다. 보기 와 같이 이야기하십시오.

❶ 회사 부장님께

이 서류를 다시 봐 주세요.
조금 고쳤습니다.

❷ 아르바이트 가게 사장님께

다음 주 아르바이트 시간을 좀 바꿔 주세요.
병원에 가야 합니다.

❸ 집주인 아저씨께

카드키를 다시 만들어 주세요.
잃어버렸어요.

❹ 학교 교수님께

보기

가: 저, 부장님. 드릴 말씀이 있는데 잠깐 시간 있으세요?
나: 무슨 일인가요?
가: 부탁 드릴 게 있어서요.
나: 네, 말해 보세요.
가: 죄송합니다만 서류를 다시 봐 주실 수 있으세요?
나: 음, 그래요? 왜요?
가: 제가 조금 고쳤습니다.
나: 알겠어요. 지금은 좀 바쁘니까 이따가 보고 연락해 줄게요.
가: 정말 감사합니다. 갑자기 부탁을 드려서 죄송합니다.
나: 아니에요. 괜찮습니다.

부장 서류 음

III. 써 봅시다

윗사람에게 부탁한 적이 있습니까? 무엇을 어떻게 부탁했는지 이야기하고 일기를 쓰십시오.

질문	친구	나
누구에게 부탁을 했어요?		
무슨 부탁을 했어요?		
부탁할 때 무슨 말을 했어요?		
부탁할 때 무엇이 어려웠어요?		

나의 일기

월 일 요일 날씨

께 인사를 드리러 갔다.

복습 9-10과

1 보기 와 같이 이야기하십시오.

부탁	약속 시간	약속 장소
집을 알아보려고 하는데 같이 가 줄래?	이번 주 토요일 오전 11시	신촌 커피숍

보기

가: 저, 하늘아, 부탁이 좀 있는데······.

나: 응, 뭐야? 말해 봐.

가: 이사할 집을 알아보려고 하는데 같이 가 줄래?

나: 아, 그래? 알았어. 같이 가 줄게.

가: 정말 고마워. 내가 맛있는 저녁 살게.

나: 아니야, 괜찮아. 언제 만날까?

가: 이번 주 토요일 오전 11시에 신촌 커피숍에서 만나는 게 어때?

나: 그래 좋아. 토요일에 거기서 보자.

2 다음 질문으로 친구와 이야기하십시오.

질문	친구	나
약속을 바꾼 적이 있습니까?		
무슨 약속이었습니까?		
왜 바꿨습니까?		
언제로/어디로 바꿨습니까?		
약속을 바꿀 때 친구한테 어떻게 말했습니까?		

3 약속을 바꾼 일에 대해 일기를 쓰십시오.

연습하기

문화

부탁 예절

선생님께 추천서를 부탁 드릴 때 여러분이 알아야 하는 예절을 소개하겠습니다. 먼저 선생님께 인사를 드리면서 여러분을 소개합니다. 그 다음에 여러분이 부탁할 내용을 말씀 드립니다. "바쁘시겠지만 추천서 좀 부탁 드려도 될까요?", "죄송합니다만 추천서 좀 써 주실 수 있으세요?" 등의 표현을 사용하는 것이 좋습니다. 이때 여러분이 지원하는 학교의 이름과 전공도 자세히 말씀 드립니다. 그리고 선생님과 만날 시간과 장소를 정한 후에 선생님을 직접 찾아뵙고 "감사합니다. 열심히 준비해서 좋은 결과를 가지고 다시 연락 드리겠습니다." 라고 감사 인사를 합니다.

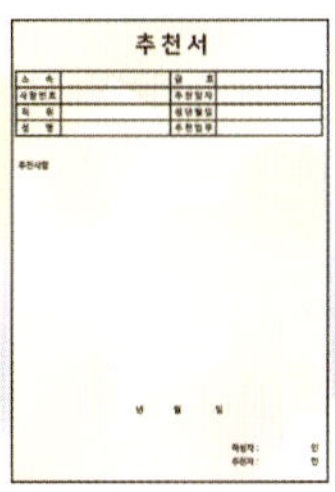

1. **한국에서 윗사람에게 부탁할 때 어떻게 말합니까?**
2. **여러분도 윗사람에게 부탁을 해 본 적이 있습니까?**

11과 교통

1. 2호선을 타고 가다가 6호선으로 갈아타세요

• 학습 목표: 대중교통을 이용해서 목적지까지 가는 방법을 설명할 수 있다.

Ⅰ. 준비해 봅시다

- 여러분은 버스와 지하철 중에서 무엇을 자주 탑니까?
- 가고 싶은 곳까지 가는 방법을 모르면 어떻게 합니까?

I. 이야기해 봅시다

1 가고 싶은 곳이 있습니다. 어떻게 가야 하는지 인터넷에서 찾아 보기 와 같이 이야기하십시오.

인터넷 길찾기

1. 인터넷 사이트에서 '길 찾기'를 누른다.
2. 출발 장소와 도착 장소를 넣는다.
3 '길 찾기' 버튼을 누르면

-도착지까지 가는 버스와 지하철

-갈아타는 버스 정류장과 갈아타는 곳

-걸리는 시간을 알 수 있다.

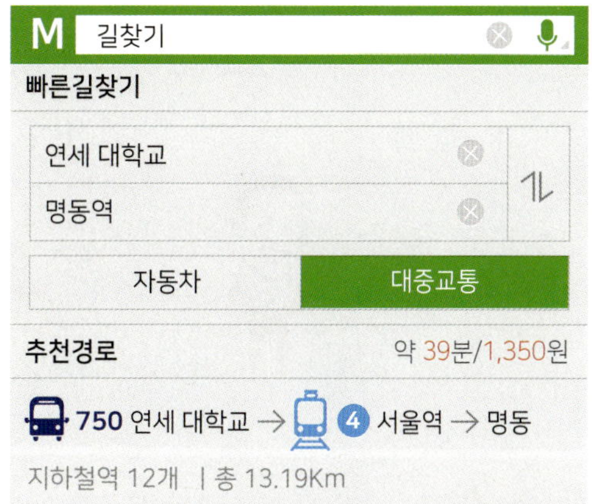

	출발	도착	교통수단		갈아타는 곳	걸리는 시간
			버스	지하철		
①	연세 대학교	명동역	750		서울역 / 4호선	25분
②	안국역	강남역		3호선	교대역 / 2호선	30분
③	광화문역	고속터미널역		5호선	종로3가역 / 3호선	27분
④					/	

보기

가: 연세 대학교에서 명동역까지 어떻게 가는지 아세요?

나: 연세 대학교 앞에서 750번 버스를 타세요.

가: 명동역까지 한 번에 갈 수 있어요?

나: 아니요, 서울역에서 지하철 4호선으로 갈아타세요.

가: 얼마나 걸릴까요?

나: 25분쯤 걸릴 것 같네요.

누르다 교통수단 명동역 서울역 안국역 강남역 교대역 광화문역
고속터미널역 종로3가역

2 어떻게 가야 합니까? 지하철 노선도를 보고 보기 와 같이 이야기하십시오.

출발	신촌역 2호선	경복궁역 3호선	이대역 2호선	압구정역 3호선
갈아타는 곳	합정역 6호선	을지로3가역 2호선	충정로역 5호선	호선
도착	이태원역	종합운동장역	여의나루역	
걸리는 시간	25분	45분	15분	

보기

가: **이태원에** 갈 일이 있는데 어떻게 가는 게 좋을까요?

나: **이태원에요?** 왜요?

가: **친구가 식당을 열었는데 가 보려고요**.

나: 어디에서 출발할 거예요?

가: **신촌에서** 출발할 거예요.

나: 그럼 **신촌역에서 2호선을** 타고 가다가 **합정역에서** 내리세요.
거기서 **6호선으로** 갈아타고 **이태원역에서** 내리세요.

가: 시간이 얼마나 걸릴까요?

나: **25분쯤** 걸릴 것 같아요.

가: 가르쳐 줘서 고마워요.

나: 잘 다녀오세요.

합정역 경복궁역 을지로3가역 종합운동장역 이대역 충정로역
여의나루역 압구정역

III. 써 봅시다

1 이번 주말에 친구가 서울에 옵니다. 서울역에서 우리 집까지 오는 방법을 문자 메시지로 쓰십시오.

우리 집 위치	___	
교통수단	지하철 ___ 호선	
	버스 ___ 번	
갈아타는 곳	___ 에서 ___ 으로/로 갈아탄다	
내리는 곳	지하철역	___ 역
	버스 정류장	___ 정류장

내려서 우리 집까지 오는 방법	___ 에서 내려서 ___ 으면/면 ___ 에 우리 집이 있다

우리 집은 ___

서울역에서 ___

___

___

___ 에서 내려.

___ 에서 내려서

___

___ 으면/면

___ 에

우리 집이 있어.

찾기 힘들면 연락해.

11과

교통

2. 경복궁 앞으로 해서 가 주세요

• 학습 목표: 차로 목적지까지 가는 방법을 설명할 수 있다.

Ⅰ. 준비해 봅시다

- 이 지도에서 어느 길로 가면 빨리 갈 것 같습니까?
- 여러분은 택시에서 목적지에 가는 길을 설명할 수 있습니까?

이야기해 봅시다

1 택시를 탔습니다. 다음 표현을 사용하여 보기 와 같이 이야기하십시오.

택시를 타고

시청으로 가 주세요.

우회전해 주세요.
좌회전해 주세요.
유턴해 주세요.
직진해 주세요.

택시에서 내릴 때

횡단보도 앞에서 세워 주세요.
사거리 지나서 내려 주세요.

①	②	③	④
시청	호주 대사관	한국 대학교	강남역
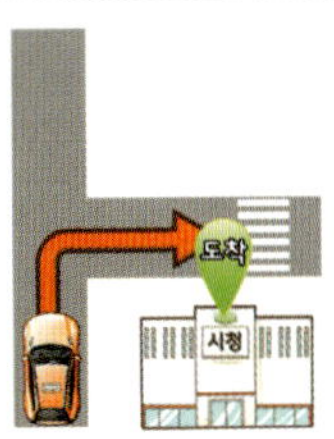	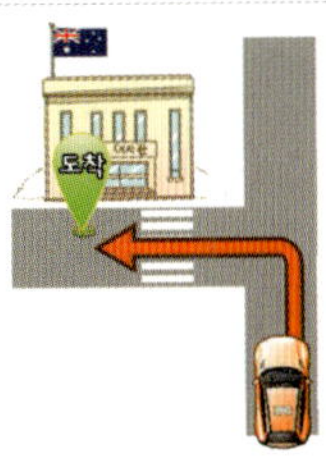	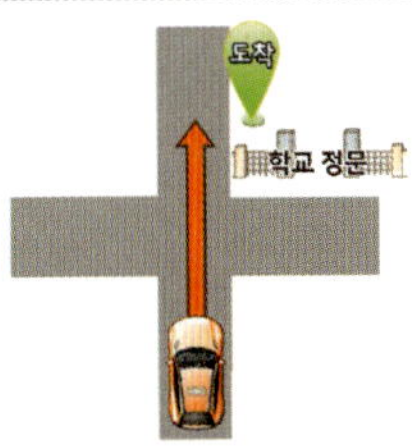	

보기

가: 어서 오세요. 어디까지 가십니까?
나: 기사님, **시청으로** 가 주세요.
……(잠시 후)……
가: 어느 쪽으로 갈까요?
나: 저기에서 **우회전해 주세요**.
가: 어디에 세워 드릴까요?
나: **횡단보도 앞에서 세워 주세요**. 고맙습니다.

우회전 좌회전 유턴 직진 세우다 기사

2 택시를 타고 갑니다. 어느 쪽 길로 갈까요? 그림을 보고 보기 와 같이 이야기하십시오.

①	②	③	④
명동 → **연세대학교**	한글 박물관 → **경복궁**	남대문 시장 → **강남역**	서대문 소방서 → **세브란스 병원**
	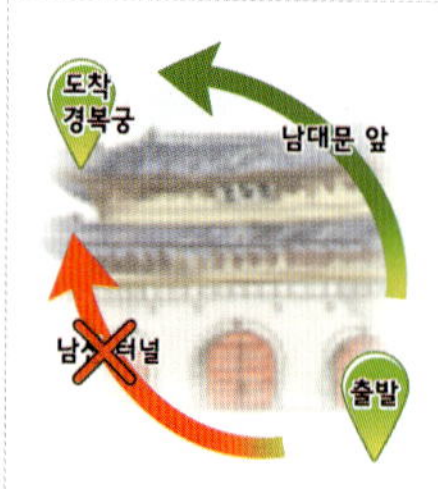		
서울역 앞으로 해서 X 경복궁 앞으로 해서 O	남산 1호 터널로 해서 X ____ 으로/로 해서 O	남산 3호 터널로 해서 X ____ 으로/로 해서 O	____ 으로/로 해서 X ____ 으로/로 해서 O
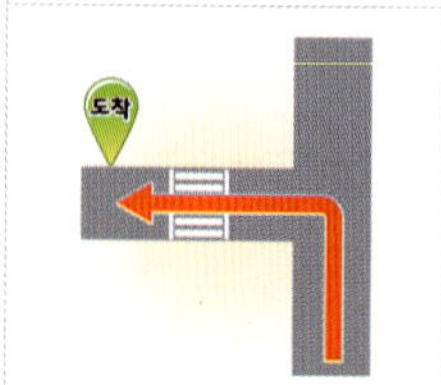	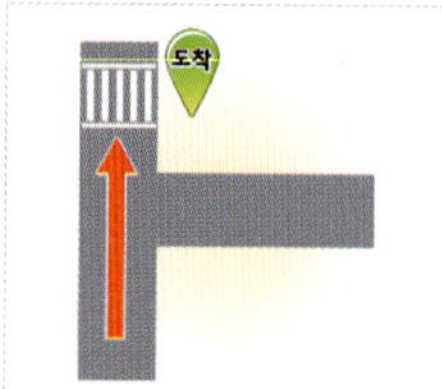	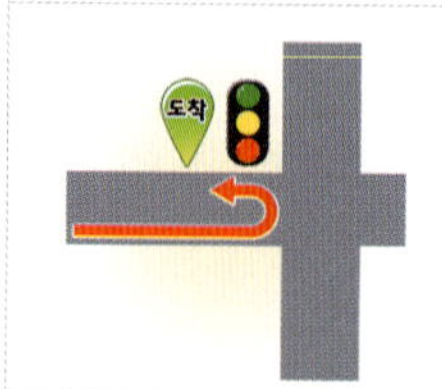	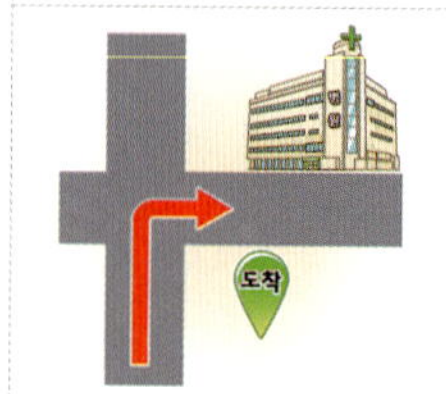

보기

가: 어서 오세요, 어디로 가십니까?

나: **연세대학교로** 가 주세요.

가: 알겠습니다. **서울역 앞으로 해서** 갈까요?

나: 그쪽은 퇴근할 때 길이 자주 막히는데 다른 길은 없어요?

가: 차가 안 밀리는 곳으로 가려면 **경복궁 앞으로 해서** 가야 해요.

나: 그럼, **경복궁 앞으로 해서** 가 주세요.

……(잠시 후)……

가: 손님, 거의 다 왔습니다.

나: 저기에서 **좌회전해 주세요**.

가: 어디에 세워 드릴까요?

나: **횡단보도 지나서 세워 주세요**. 고맙습니다.

터널 소월길 세브란스 병원 성산로 퇴근하다 막히다 밀리다

III. 써 봅시다

친구가 차로 기숙사에 옵니다. 그림을 보고 기숙사까지 오는 방법을 이메일로 쓰십시오.

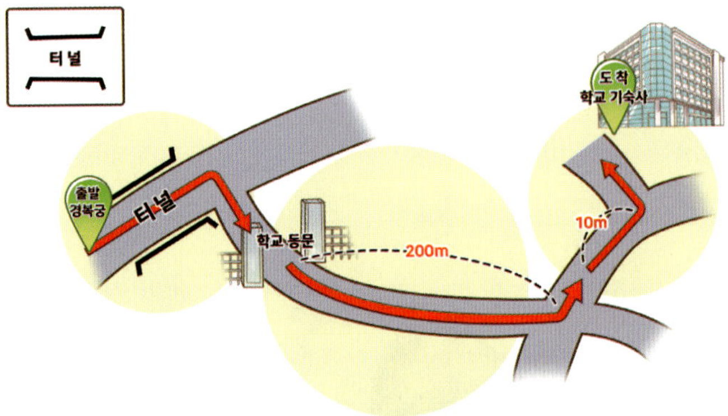

보낸 사람 ______@______

받는 사람 ______@______

제 목 차로 기숙사 앞까지 오는 방법

안녕? 나 ______이야.

내일 내가 이사하는데 차를 가지고 기숙사 앞으로 와 줄 거지? 고맙다.

경복궁 쪽에서 올 때 안 막히는 길로 오려면 터널로 해서 와야 해. 오는 길을 가르쳐 줄게.

먼저 ______

그다음에 ______

그리고 ______ 내가 그 앞에서 기다리고 있을게.

잘 찾아올 수 있겠지?

내일 보자. 안녕.

______

동문

12과 학교생활

1. 수업을 열심히 들어야 시험을 잘 볼 수 있어

• 학습 목표: 학교생활에 대해 설명할 수 있다.

Ⅰ. 준비해 봅시다

- 이 사람들이 무엇을 하는 것 같습니까?
- 시험을 잘 보려면 어떻게 하는 게 좋습니까?

이야기해 봅시다

1 친구와 수업에 대해 이야기합니다. 보기 와 같이 이야기하십시오.

①

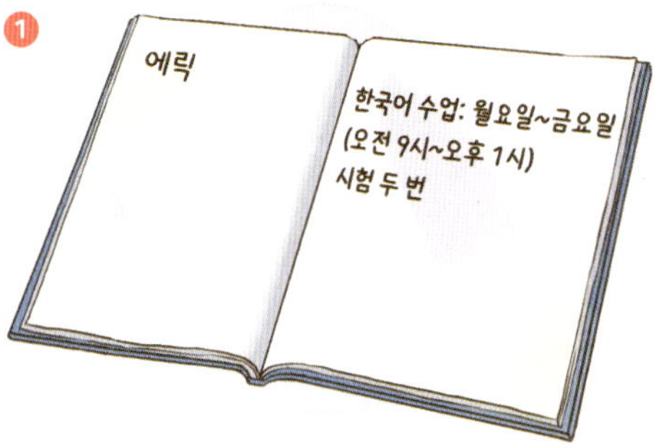

②

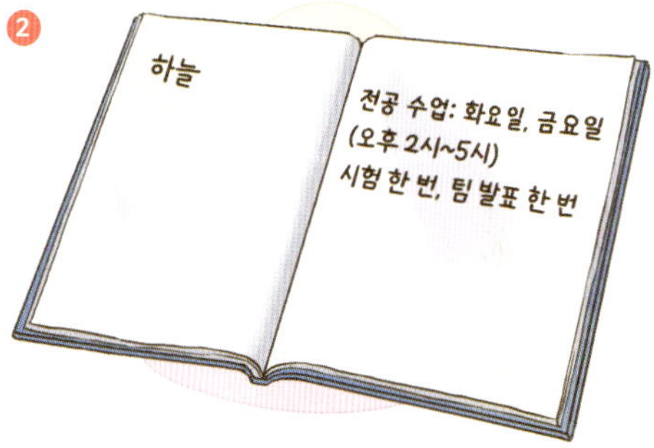

③

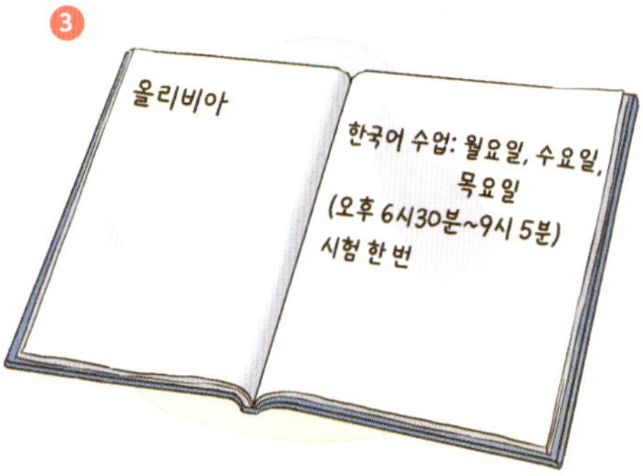

④

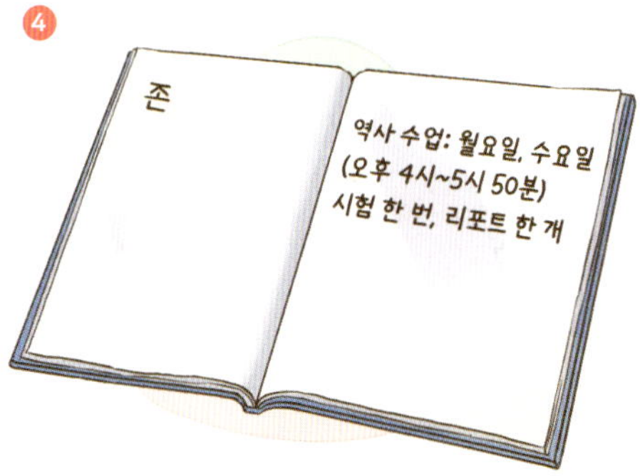

보기

가: 에릭 씨, 한국어 수업이 날마다 있어요?

나: 네, 월요일부터 금요일까지 수업이 있어요.

가: 몇 시에 수업을 시작해요?

나: 오전 9시에 시작해서 오후 1시에 수업이 끝나요.

가: 시험은 몇 번 보면 돼요?

나: 시험은 두 번 보면 돼요.

발표 리포트 시작하다

2 학교생활 중 무엇이 제일 어렵고 힘듭니까? 보기 와 같이 이야기하십시오.

①	②	③	④
·수업을 열심히 듣는다. ·복습을 열심히 한다.	· 단어를 예습한다. · 모르면 수업 시간에 질문한다.	· 열심히 외운다. · 여러 사람 앞에서 연습한다.	· ·

보기

가: 타오, 요즘 학교생활이 어때?

나: 재미있지만 조금 힘들어.

가: 뭐가 제일 힘들어?

나: 시험 준비하는 게 제일 힘들어. 어떻게 해야 해?

가: 수업을 열심히 들어야 시험을 잘 볼 수 있어.

나: 또 다른 건 없어?

가: 복습을 열심히 하면 돼.

나: 오늘부터 그렇게 해야겠다.

가: 그렇게 하면 시험을 잘 볼 수 있을 거야.

나: 알려 줘서 고마워.

열심히 복습 이해하다 질문하다 외우다 연습하다

III. 써 봅시다

친구가 학교생활에 대해 알고 싶어 합니다. 그 친구에게 학교생활을 소개하는 이메일을 쓰십시오.

수업	
수업이 있는 요일	
수업 시간	
시험	
시험공부 방법	
출석/결석/지각	

보낸 사람 ______ @ ______

받는 사람 ______ @ ______

제 목 ______

______

잘 지내고 있지? 나도 잘 지내고 있어. 요즘 학교생활이 많이 익숙해졌어. 지난번에 학교생활에 대해서 물어봤지? 이메일 보내는 걸 잊어버려서 대답이 늦었어. 미안해.

지금 나는 ______ 수업을 듣고 있어. 수업은 ______

시험은 ______

시험을 잘 보려면 ______

더 알고 싶은 게 있으면 연락해. 잘 지내. 안녕!

______ 씀

출석 잊어버리다

12과 학교생활

2. 뭐 좀 물어 보려고 왔는데요

• 학습 목표: 학교생활에 대해 문의할 수 있다.

Ⅰ. 준비해 봅시다

- 이 사람이 무엇을 하려고 사무실에 간 것 같습니까?
- 여러분은 학교 사무실에 가서 궁금한 것을 물어 본 적이 있습니까?

이야기해 봅시다 **1** 물어볼 것이 있어서 학교 사무실에 갔습니다. 보기 와 같이 이야기하십시오.

1.
- 사무실에서 신청서를 쓰고 등록한다.
- 등록 후에는 취소할 수 없다.

2.
- 사무실에서 휴학 신청서를 쓴다
- 두 학기 이상 휴학하면입학시험을 다시 봐야 한다.

3.
- 사무실에서 신청서를 쓴다.
- 2~3일 후에 사무실로 와서 찾아야 한다.

4.
- 버스를 탈 때 학생증을 보여 주고 탄다.
- 경복궁역과 신촌역에서 탈 수 있다.

보기

가: 안녕하세요? 뭐 좀 물어 보려고 왔는데요.

나: 네, 무슨 일이세요?

가: 학교 스포츠 센터를 이용하고 싶은데요.

나: 사무실에서 신청서를 쓰고 등록하시면 됩니다.
등록 후에는 취소할 수 없습니다.

가: 알겠습니다. 감사합니다.

나: 네, 안녕히 가세요.

신청서 등록하다 휴학

2 사무실에 가서 직원과 이야기합니다. 보기 와 같이 이야기하십시오.

 사무실 직원	기숙사	요리 수업	언어 교환	아르바이트
	들어가는 날짜 : 학기마다 다르다	재료비 : 수업마다 다르다	시작하는 날짜 : 지금 알 수 없다	
	결과 발표 날짜			
	신청할 때	신청하고 일주일 후에	오리엔테이션 이틀 전에	

보기

가: 실례지만 뭐 좀 물어 볼 게 있는데요.
나: 네, 무슨 일이세요?
가: 여기에서 **기숙사를** 신청할 수 있어요?
나: 학교 홈페이지에서 신청해야 하는데요.
가: **기숙사에 들어가는 날짜는 언제인가요**?
나: **학기마다 다르니까** 홈페이지 내용을 확인하세요.
가: 신청 결과는 언제 알 수 있어요?
나: **신청할 때** 확인할 수 있어요.
가: 네, 알겠습니다. 감사합니다.
나: 안녕히 가세요.

신청하다　재료비　결과　확인하다

III. 써 봅시다

여러분도 학교 사무실에 물어보고 싶은 것이 있습니까? 그 내용을 이메일로 쓰십시오.

제목	__________고 싶습니다.
자기소개	
알고 싶은 내용	
끝인사	

보낸 사람 __________@__________

받는 사람 __________@__________

제 목 __________고 싶습니다.

안녕하세요? 저는 __________입니다.

__________고 싶습니다.

__________은데요/ㄴ데요/는데요. __________

____

____

____

____

____

그럼 답장 기다리겠습니다. 감사합니다.

안녕히 계세요.

__________ 드림

1 보기와 같이 이야기하십시오.

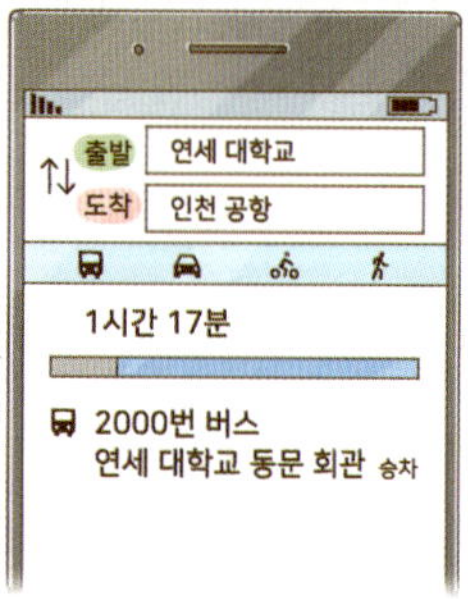

출발지	도착지	교통수단	타는 곳	갈아타기	걸리는 시간
연세 대학교	인천 공항	2000번 버스	연세 대학교 동문 회관 앞	X	1시간 17분

보기

가: 연세 대학교에서 인천 공항까지 어떻게 가는지 아세요?
나: 저도 잘 모르는데 길찾기 앱을 이용해 보세요.
가: 그게 좋겠네요. 지금 찾아볼게요.
나: 출발지에 연세 대학교를 넣고 도착지에 인천 공항을 넣으세요.
가: 네, 잠깐만요, 그다음에는요?
나: 그다음에 교통수단을 고르세요.
가: 연세 대학교 동문 회관 앞에서 2000번 버스를 타면 갈 수 있네요.
갈아타지 않고 한 번에 가요.
나: 여기에 걸리는 시간도 나와 있어요. 1시간 17분 걸려요.

2 다음 질문으로 친구와 이야기하십시오.

질문	친구	나
고향에서는 몇 월에 학기가 시작돼요?		
방학은 언제부터 언제까지예요?		
1교시 수업은 몇 시에 시작해요?		
수업이 보통 몇 시에 끝나요?		
수업이 끝나면 학생들이 보통 무엇을 해요?		

출발지 도착지 동문 회관

3 여러분 나라의 학교생활을 소개하는 글을 쓰십시오.

연습하기

문화

교통 카드 사용법

한국에서는 버스나 지하철을 탈 때 보통 현금보다 교통 카드를 사용합니다. 교통 카드를 사용하면 편리하고 현금을 낼 때보다 요금이 쌉니다. 환승은 네 번까지 무료로 할 수 있는데 하차 후 30분이 지나서 갈아타거나 같은 번호의 버스로 갈아타면 요금을 다시 내야 합니다. 교통 카드는 편의점이나 지하철역에서 살 수 있고 충전도 할 수 있습니다. 교통 카드 기능이 있는 신용 카드나 모바일 교통 카드를 사용하기도 합니다. 요즘은 마트나 커피숍 등에서도 교통 카드로 결제할 수 있고 교통 카드 앱으로 남은 돈을 확인할 수도 있습니다.

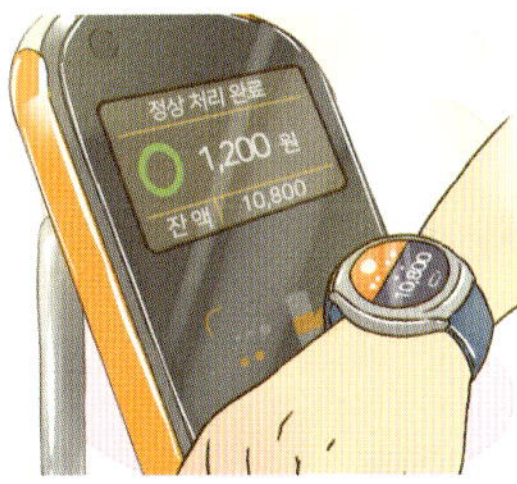

1. 한국에서 사용하는 교통 카드의 좋은 점은 무엇입니까?
2. 여러분 나라에도 교통 카드가 있습니까? 교통 카드를 다른 곳에서도 사용할 수 있습니까?

13과 공공 기관

1. 통장을 만드는 동안 잠시 기다려 주십시오

• 학습 목표: 은행 이용 방법을 문의할 수 있다.

Ⅰ. 준비해 봅시다

- 은행에서 무엇을 할 수 있습니까?
- 여러분은 은행에서 무슨 일을 해 봤습니까?

. 이야기해 봅시다

1 친구에게 은행을 이용하는 방법에 대해 이야기합니다. 보기 와 같이 이야기하십시오.

	①	②	③	④
	체크 카드 만들기	돈 보내기	휴대 전화 요금 자동 이체 신청하기	인터넷 뱅킹 신청하기
필요한 것	외국인 등록증 / 여권			
써야 할 것	이름, 주소, 연락처	받는 사람의 계좌 번호와 이름	계좌 번호, 이체 날짜	계좌 번호, 인터넷 뱅킹 아이디

보기

가: 은행에서 **체크 카드를 만들려고** 하는데요.
나: 저도 얼마 전에 **체크 카드를 만들었어요**.
가: 그래요? 어떻게 **만들면** 돼요?
나: 외국인 등록증이나 여권을 가지고 가서 통장부터 만드세요.
가: 그다음에는요?
나: 직원이 주는 신청서에 **이름, 주소, 연락처를** 쓰면 될 거예요.

체크 카드　외국인 등록증　연락처　계좌 번호　자동 이체　인터넷 뱅킹　아이디(ID)
통장

2 은행에 가서 직원과 이야기합니다. 보기 와 같이 이야기하십시오.

	①	②	③	④
하려는 일	 통장 만들기	 돈 보내기	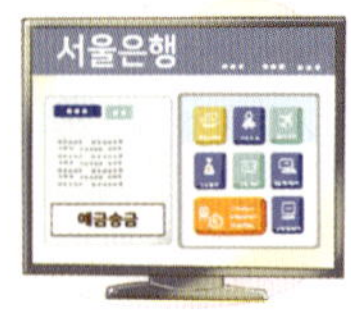 인터넷 뱅킹 신청하기	?
필요한 것	외국인 등록증이나 여권	통장이나 체크 카드	통장이나 체크 카드	
써야 할 것	이름, 주소, 연락처	받는 사람의 계좌 번호와 이름	계좌 번호, 인터넷 뱅킹 아이디	

보기

가: 무엇을 도와 드릴까요?
나: **통장을 만들려고** 하는데요.
가: 저희 은행에 계좌가 있으십니까?
나: **아니요, 없습니다.**
가: 우선 **신분증부터** 주시겠습니까?
나: **외국인 등록증을** 드리겠습니다.
가: 네, 이 서류에 **이름과 주소, 연락처를** 쓰고 서명해 주세요.
나: 됐습니까?
가: 네, **통장을 만드는** 동안 잠시 기다려 주십시오.
나: 알겠습니다.

계좌 우선 신분증 서명하다

III. 써 봅시다

여러분은 은행에 가서 무슨 일을 했습니까? 친구와 이야기하고 은행에 간 일에 대해 쓰십시오.

질문	친구	나
은행에 간 적이 있어요?		
은행에 무엇을 하러 갔어요?	□ 통장 만들기 □ 저금 □ 환전 □ 돈 보내기 □ 공과금 내기 □	□ 통장 만들기 □ 저금 □ 환전 □ 돈 보내기 □ 공과금 내기 □
은행이 어땠어요?		
순서를 기다리는 동안 뭘 했어요?		
한국 은행과 고향 은행은 어떤 점이 달라요?		

은행에 간 일

나는

은행은

나는 순서를 기다리는 동안

내 순서가 되었을 때

우리 고향에서는

저금 환전 공과금 내다 순서

13과 공공 기관

2. 두 달이나요?

• 학습 목표: 우체국 이용 방법을 문의할 수 있다.

Ⅰ. 준비해 봅시다

- 이 사람이 우체국에서 무엇을 하고 있습니까?
- 여러분은 우체국에 가서 편지나 소포를 보낸 적이 있습니까?

이야기해 봅시다

1 우체국에서 할 수 있는 일입니다. 보기 와 같이 이야기하십시오.

등기 우편
- 중요한 서류를 보내고 받을 때까지 위치를 알 수 있다.
- 빠른 등기 / 보통 등기

국제 우편
- 외국으로 편지나 소포를 보낼 수 있다.
- 항공편 / 배편

우체국 택배
- 국내에서 물건을 보내고 받을 수 있다.
- 우체국에 가서 보낼 수 있다. / 집에서도 보낼 수 있다.

무인 우편
- 우체국이 열지 않는 아침 8시부터 밤 10시까지 이용할 수 있다.
- 다른 도시로 보낼 수 있다. / 외국으로도 보낼 수 있다.

① 중요한 대학교 입학 서류를 보내야 해요

② 다른 나라로 편지를 보내야 해요.

③ 부산에 사는 친구에게 물건을 보내야 해요.

④ 퇴근하고 저녁 시간에 소포를 보내고 싶어요.

보기

가: 중요한 대학교 입학 서류를 보내야 하는데 어떻게 하면 좋을까요?

나: 등기 우편으로 보내세요.

가: 그게 뭔가요?

나: 중요한 서류를 보내고 받을 때까지 위치를 알 수 있는 서비스예요.

가: 그렇군요. 고마워요.

나: 빠른 등기도 있고 보통 등기도 있어요.

등기 중요하다 국제 우편 소포 항공편 배편 택배 무인 우편

2 우체국에 가서 직원과 이야기합니다. 다음 표를 보고 보기 와 같이 이야기하십시오.

<국제 소포 요금표>

나라 / 무게	항공편				배편			
	요금(원)				요금(원)			
	중국 (10일)	프랑스 (15일)	베트남 (10일)	케냐 (20일)	중국 (두 달)	프랑스 (세 달)	베트남 (세 달)	케냐 (네 달)
~ 6Kg까지	39,000	43,000	31,000	91,000	24,000	30,500	26,000	35,000
~ 10Kg까지	52,000	64,000	47,000	107,000	34,000	43,000	35,000	50,500

<국제 항공 편지/서류 요금표>

나라 / 무게	국제 특급 항공				보통 항공			
	요금(원)				요금(원)			
	중국 (3일)	프랑스 (5일)	베트남 (3일)	케냐 (5일)	중국 (7일)	프랑스 (14일)	베트남 (10일)	케냐 (20일)
~ 500g까지	22,000	25,000	17,000	32,000	6,070	10,400	8,800	14,000
~ 1kg까지	25,000	29,000	18,500	38,000	10,900	20,100	17,500	28,000

① 소포

② 소포

③ 편지

④ 서류

보기

가: 소포를 좀 부치러 왔는데요.

나: 저울에 올려놓으세요. 어디로 부치실 건가요?

가: 중국으로 부칠 거예요.

나: 5kg입니다. 항공편으로 부치실 건가요? 배편으로 부치실 건가요?

가: 항공편이요. 요금이 얼마예요?

나: 39,000원입니다. 도착하려면 열흘 정도 걸립니다.

가: 39,000원이나 내야 해요? 그럼 배편은요?

나: 24,000원입니다. 이건 두 달쯤 걸릴 거예요.

가: 두 달이나요? 그럼 항공편으로 할게요.

나: 네, 여기에 받으시는 분의 이름과 주소를 써 주세요.

요금표 무게 국제 특급 부치다 저울 올려놓다 열흘

III. 써 봅시다

인터넷 우체국을 이용한 적이 있습니까? 다음을 보고 인터넷 우체국 택배 서비스의 이용 순서를 설명하는 글을 쓰십시오.

인터넷 우체국 홈페이지 들어가기
↓
'우체국 택배' 누르기
↓
'택배 방문 예약' 누르기
↓
회원이십니까?

네 ↙ 로그인 하기 ↘

↘ 아니요 '비회원 신청하기' ↙

'신청하는 사람', '받는 사람', '보내는 물건' 쓰기
↓
'신청하기'

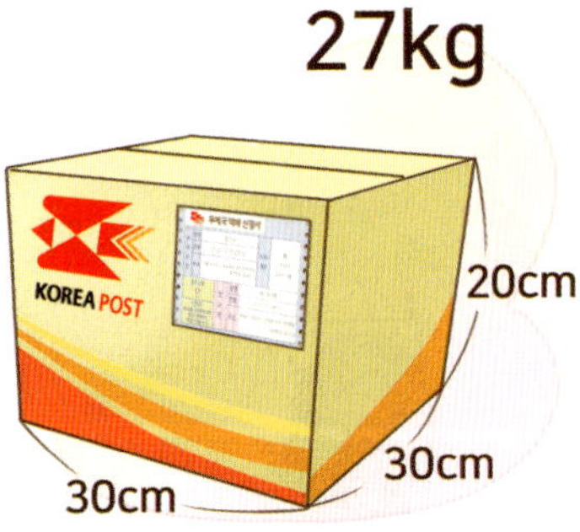

인터넷 우체국 택배 서비스 이용 방법

먼저 인터넷 우체국 홈페이지에 들어간다. 그리고 ________

________ 회원이 아니면 ________

그다음에 ________

인터넷 우체국 택배의 좋은 점은 무거운 물건을 가지고 직접 우체국에 가지 않아도 되는 편리함이다. 우체국 택배 기사가 물건을 가지러 집으로 와 준다. 그리고 ________

________ 기 때문에 좋다.

그렇지만 상자 무게가 30kg보다 무겁지 않아야 한다.

방문 비회원 상자

14과 전화

1. 휴대 전화로 영화를 보는 사람들이 많아졌다고 해

• 학습 목표: 휴대 전화의 기능에 대해 설명할 수 있다.

Ⅰ. 준비해 봅시다

- 이 사람들이 휴대 전화로 무엇을 하고 있습니까?
- 여러분은 요즘 휴대 전화로 무엇을 많이 합니까?

Ⅰ. 이야기해 봅시다

1 휴대 전화로 무엇을 합니까? 보기 와 같이 이야기하십시오.

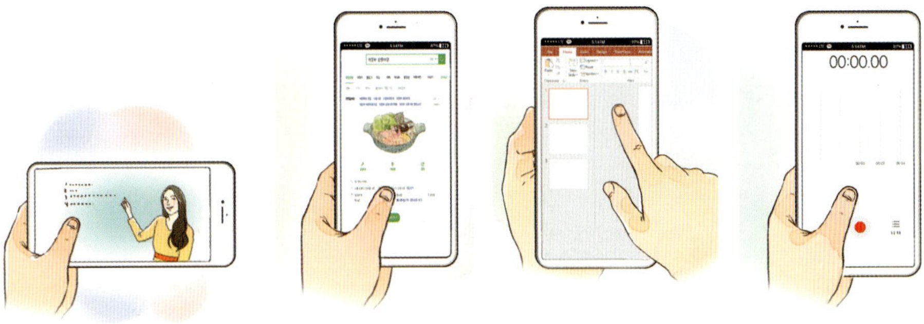

- 동영상 수업을 들어.
- 영화도 봐.

- 맛집을 찾아.
- 음식도 주문해.

- 신문 기사를 검색해.
- 발표 준비도 해.

- 노래를 만들어서 녹음해.
- 음악도 들어.

① 에릭 ② 유키 ③ 노라 ④ 존

보기

가: 에릭, 지금 뭘 하고 있어?

나: 동영상 수업을 듣고 있어.

가: 너는 휴대 전화로 여러 가지 일을 하는구나.

나: 응, 나는 휴대 전화로 수업도 듣고 영화도 봐.

가: 나도 휴대 전화로 가끔 영화를 보는데 편해서 좋아.

나: 맞아. 요즘 휴대 전화로 영화를 보는 사람들이 많아졌다고 해.

동영상 맛집 주문하다 신문 기사 검색하다 녹음하다

2 어떤 휴대 전화를 갖고 싶습니까? 보기 와 같이 이야기하십시오.

· 들고 다니면서 동영상을 많이 봐.
· 더 가벼웠으면 좋겠어.

❶ 흐엉

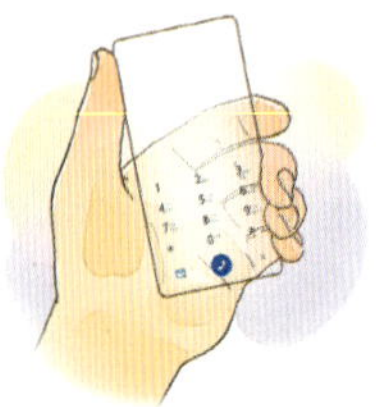

· 샤워할 때 메시지나 전화가 오면 확인하기 어려워.
· 물에서 사용할 수 있었으면 좋겠어.

❷ 존

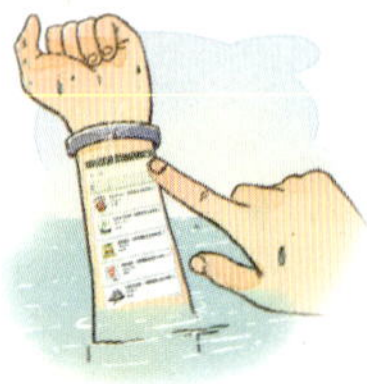

· 주머니나 지갑에 넣고 다니고 싶어.
· ________

❸ 유키

· ________
· ________

❹ ________

?

보기

가: 흐엉, 그 휴대 전화를 사용한 지 얼마나 됐어?

나: 1년쯤 됐는데 바꾸고 싶어.

가: 왜? 고장 났어?

나: 아니, 난 들고 다니면서 동영상을 많이 봐. 더 가벼웠으면 좋겠어.

가: 친구가 휴대 전화를 샀는데 새 제품이 괜찮다고 했어.

나: 그래? 어떤 점이 좋다고 했어?

가: 어떤 점이 좋냐고 물어보니까 가벼워서 좋다고 했어.

나: 나도 가서 알아봐야겠다.

가: 지하철역 근처에 가게가 있으니까 한번 가 봐.

나: 알겠어, 고마워.

고장이 나다　새

III. 써 봅시다

여러분은 휴대 전화를 얼마나 사용합니까? 친구와 같이 이야기하고 휴대 전화를 어떻게 사용하고 있는지 쓰십시오.

질문	친구	나
휴대 전화를 하루에 몇 시간 사용해요?		
휴대 전화로 무엇을 많이 해요?		
휴대 전화로 자주 사용하는 앱이 있어요?		
그 앱은 어떤 것인가요?		
휴대 전화는 어떤 점이 좋아요?		
휴대 전화의 불편한 점은 뭐예요?		
다음에는 어떤 휴대 전화를 사고 싶어요?		

휴대 전화와 나의 생활

요즘 많은 사람들이 휴대 전화를 사용한다. 우리 반 친구들도 많이 사용한다. 친구들은 보통 하루에 시간쯤 사용한다고 한다. 나는 하루에

나는 보통 휴대 전화로

친구들은

내가 자주 사용하는 휴대 전화 앱은

지금 쓰는 휴대 전화는

다음에는

14과 전화

2. 이따가 수업이 끝나면 전화하라고 해

• 학습 목표: 다른 사람에게 메시지를 전할 수 있다.

Ⅰ. 준비해 봅시다

- 한국어로 문자 메시지를 보낸 적이 있습니까?
- 그 메시지는 무슨 내용이었습니까?

I. 이야기해 봅시다

1 존이 문자 메시지를 받았습니다. 보기 와 같이 이야기하십시오.

① 주앙	② 에릭	③ 서울 식당	④
나 오늘 늦게 일어나서 학교에 못 갔어. ㅠㅠ 오늘 숙제가 뭐야? 그리고 시험 시간은 몇 시야? 이따가 수업이 끝나면 전화해.	오늘 저녁에 동아리 모임이 있어. 나는 먼저 출발할 거야. 너는 아르바이트가 끝나면 따로 와. 데려오고 싶은 사람이 있으면 같이 와도 돼. 이따가 보자.	[Web발신] (광고)서울 식당! 불고기와 갈비를 30% 세일합니다. 4인분 이상 주문하시면 음료수도 서비스로 드립니다. 빨리 예약하세요.	

보기

가: 누구에게서 온 문자 메시지야?

나: 주앙에게서 온 문자 메시지야.

가: 뭐라고 해?

나: 주앙이 오늘 늦게 일어나서 학교에 못 왔다고 해. 오늘 숙제가 뭐냐고 해.

가: 다른 이야기는 없어?

나: 그리고 시험 시간은 몇 시냐고 해. 이따가 수업이 끝나면 전화하라고 해.

따로 데려오다 발신

2 동창회에 오지 못한 친구에게 동창들의 소식을 전하려고 합니다. 보기 와 같이 이야기하십시오.

· 한국 회사에서 일하고 있어.
· 내년에 결혼을 할 거야.
· 출장이 있어서 한국에 자주 와.
다른 친구들과 함께 한번 보자.

❶ 안나

· 대학원에 다니고 있어.
· 동호회에서 좋은 사람을 만났어.
· 요즘도 사진 찍으러 한강에 자주 가.
다음 주 전시회 때 꼭 와.

❷ 스티브

어떻게 지내?

사귀는 사람은?

보고 싶다.

· 요즘 일이 많아서 좀 바빠.
· 사귀는 사람이 없어.
· 아직 남산 근처에 살고 있어.
다음 달 생일 파티 때 꼭 보자.

❸ 샤오민

❹ 리나

· 박물관에서 일하고 있어.
· 남자 친구가 한국 사람이야.
· 요즘도 여행을 자주 다녀.
다음 달에 한국에 또 오니까 보자.

보기

가: 지난 주말에 동창회 어땠어?

나: 너도 왔으면 좋았을 거야. 모두 네가 어떻게 지내냐고 물어봤어.

가: 안나도 왔어? 안나는 요즘 어떻게 지낸다고 해?

나: 한국 회사에서 일하고 있다고 해.

가: 사귀는 사람은 있다고 해?

나: 응, 내년에 결혼을 할 거라고 해.

가: 그렇구나. 보고싶다.

나: 출장이 있어서 자주 온다고 해. 그리고 다른 친구들과 함께 한번 보자고 했어.

가: 그래! 그때는 꼭 시간을 낼게.

나: 응, 그때 보자.

함께 한강 남산 시간을 내다

III. 써 봅시다

주말에 고향에 돌아가는 친구의 송별회를 하려고 합니다. 친구들과 송별회를 계획하고 다른 친구에게 그 내용을 문자 메시지로 보내십시오.

언제 만날까?	
어디에서 할까?	
만나서 무엇을 할까?	
무엇을 준비할까?	

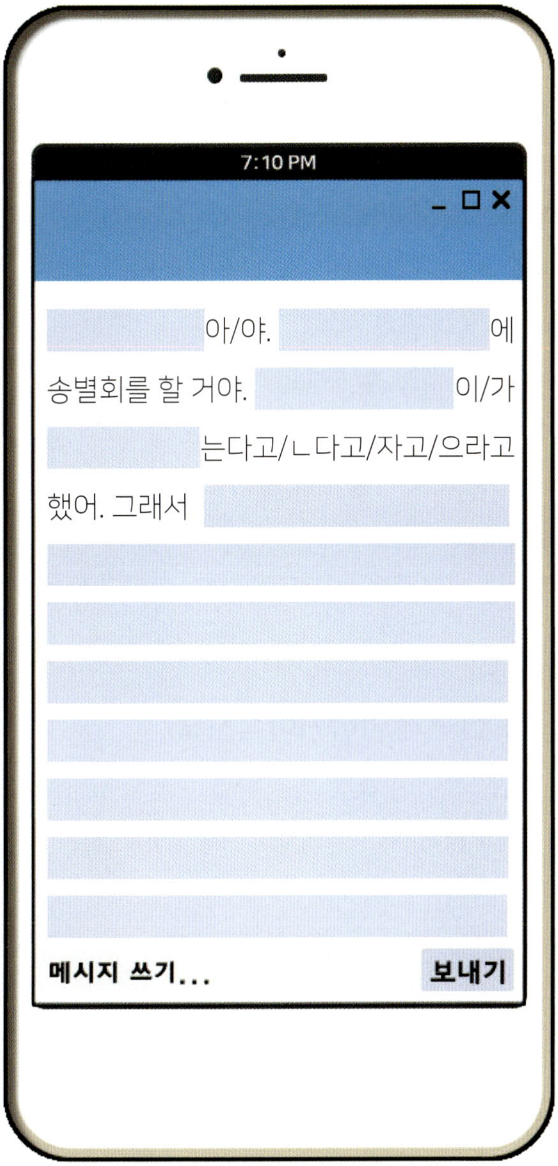

1 보기 와 같이 이야기하십시오.

하려는 일	방법
우체국에서 소포 보내기	1. 우체국에 가서 번호표를 뽑는다. 2. 저울에 물건을 올려놓는다. 3. 항공편이나 배편 중에서 고른다. 4. 돈을 낸다.
은행에서	

보기

가: 에릭 씨, 우체국에 가서 소포를 보내 본 적이 있어요?

나: 네, 있어요.

가: 고향에 소포를 보내려고 하는데 어떻게 해야 하는지 잘 몰라요.

나: 저도 며칠 전에 우체국에 다녀왔는데 어렵지 않았어요.

가: 그래요? 어떻게 하면 돼요?

나: 우체국에 가서 번호표부터 뽑으세요.

가: 번호가 나오면 직원에게 가면 되죠?

나: 네, 그리고 소포를 저울 위에 올려놓으세요.

가: 그다음에는요?

나: 항공편이나 배편 중에서 고르면 돼요. 그리고 돈을 내면 돼요.

2 다음 질문으로 친구와 이야기하십시오.

질문	친구	나
휴대 전화로 전화를 많이 해요? 문자 메시지를 많이 보내요?		
왜 그렇게 해요?		
친구들에게 연락하면 친구들이 뭘 많이 물어봐요?		
부모님에게 전화하면 뭐라고 하세요?		
친구나 부모님에게 뭐라고 해요?		

번호표 뽑다

3 친구나 가족과 휴대 전화로 하는 이야기에 대해 쓰십시오.

연습하기

문화 문자 메시지 언어

요즘은 전화 통화보다 문자 메시지를 이용하는 사람이 많습니다. 그리고 문자 메시지의 내용을 재미있고 간단하게 표현하려고 줄임말을 사용하기도 합니다. ‘ㅇㅇ’, ‘ㄴㄴ’처럼 초성만 사용하는 것도 있고 ‘아아’, ‘따아’처럼 단어의 앞 글자만 사용하는 줄임말도 있습니다. 또한 감정과 기분을 나타낼 때도 ‘ㅋㅋ’나 ‘ㅠㅠ’와 같이 표현하기도 합니다. 이렇게 표현하면 그냥 “재미있다.”라고 하거나 “마음이 아프다.”라고 이야기하는 것보다 더 생생한 느낌을 줍니다.

ㅇㅇ	응 응
ㄴㄴ	노 노(아니 아니)
아아	아이스 아메리카노
따아	따뜻한 아메리카노
ㅋㅋ	크크(웃음 소리)
ㅠㅠ	눈물 흘리는 모습

1. 한국에서는 문자 메시지를 보낼 때 어떤 줄임말을 사용합니까?
2. 여러분 나라에서도 문자 메시지를 보낼 때 줄임말을 자주 사용합니까?

15과

예약과 주문

1. 주말이라서 예약 손님이 많아요

• 학습 목표: 장소를 예약할 수 있다.

Ⅰ. 준비해 봅시다

- 이 사람들이 무슨 이야기를 하고 있는 것 같습니까?
- 여러분은 식당이나 호텔에 가기 전에 미리 예약을 합니까?

이야기해 봅시다

1 친구가 다음의 장소를 예약하려고 합니다. 보기 와 같이 이야기하십시오.

	①	②	③	④
예약할 곳	한식당	호텔	리조트	
언제	이번 달 말	다음 달 초	크리스마스 연휴	
친구의 부탁	 맛있는 한식을 사 줘.	 서울 시내 호텔을 예약해 줘.	 스키를 탈 수 있는 리조트를 예약해 줘.	

어디	 한식당 만찬	 서울 호텔	 설경 리조트	?
위치	인사동	경복궁 근처	강원도	
좋은 점	분위기가 좋다. 음식이 맛있다.	지하철역에서 가깝다. 깨끗하다.	서울에서 멀지 않다. 새로 생겼다.	

보기

가: 하늘 씨, **한식당을** 예약하려고 하는데 어디가 좋을까요?

나: 왜요?

가: **이번 달 말에** 고향 친구가 한국에 놀러 오는데 **맛있는 한식을 사 달라고** 했어요.

나: 그럼 **인사동에 있는 만찬이** 좋을 것 같아요.
분위기도 좋고 음식도 맛있는 곳이라서 인기가 많아요.

가: 거기가 좋겠군요. 어떻게 예약하면 돼요?

나: **전화로** 예약하세요.

말　초　리조트　연휴

2 다음의 장소를 전화로 예약하려고 합니다. 보기 와 같이 이야기하십시오.

	①	②	③	④

예약 장소	 한식당 만찬	 서울 호텔	 설경 리조트	?
예약 날짜	이번 달 마지막 주 토요일 저녁	다음 달 첫째 주 금요일~일요일	12월 24일~25일	
사람 수	2명	4명	3명	명
연락처	010-1122-3456	010-1212-5678		

보기

가: 여보세요? 한식당 만찬입니다.
나: 저녁 식사를 예약하고 싶은데요.
가: 예약하고 싶은 날짜를 말씀해 주세요.
나: 이번 달 마지막 주 토요일 저녁이요.
가: 몇 분이십니까?
나: 두 명이요. 자리가 있습니까?
가: 잠시 기다려 주세요. 주말이라서 예약 손님이 많지만 자리가 있습니다.
나: 그럼 예약할게요.
가: 네, 예약하신 분 성함과 연락처 좀 알려 주세요.
나: 제 이름은 사토 유키이고 전화번호는 010-1122-3456입니다.

날짜 잠시 성함

III. 써 봅시다

여러분은 어떤 곳을 예약한 적이 있습니까? 친구와 이야기하고 어떻게 예약했는지 쓰십시오.

질문	친구	나
무엇을 예약했어요?	□ 호텔/리조트/게스트 하우스 □ 식당 □ 미용실 □ 병원 □ ______	□ 호텔/리조트/게스트 하우스 □ 식당 □ 미용실 □ 병원 □ ______
무슨 일 때문에 예약했어요?		
왜 그곳을 예약했어요?		
예약은 어떻게 했어요?	□ 인터넷 예약 □ 전화 예약 □ 방문 예약 □ 다른 사람에게 부탁	□ 인터넷 예약 □ 전화 예약 □ 방문 예약 □ 다른 사람에게 부탁
예약을 하기가 쉬웠어요?		

내가 예약한 ______

나는 ______ 을/를 예약한 적이 있다.
______
______ 어서/아서/여서/이라서/라서 예약했다.
내가 예약한 ______ 은/는 ______
______
______ 기 때문에 그곳을 예약했다.
______
______
______
______

15과 예약과 주문

2. 도시락 1인분만 배달해 주세요

• 학습 목표: 배달 주문을 할 수 있다.

Ⅰ. 준비해 봅시다

- 이 사람이 휴대 전화로 무엇을 검색하고 있습니까?
- 여러분은 한국에서 전화로 음식을 주문해 본 적이 있습니까?

이야기해 봅시다

1 친구와 배달시킬 음식을 고릅니다. 다음 표현을 사용하여 보기와 같이 이야기하십시오.

메뉴를 고를 때

· 이 집은 뭐가 제일 맛있어요?
· 여기는 뭘 제일 잘 해요?
· 뭐가 제일 빨리 돼요?

배달 주문을 할 때

· 주문하려고 하는데요.
· 지금 배달되나요?
· **1인분도** 배달돼요?

<세연 치킨>

프라이드치킨	16,000원
양념치킨	20,000원
양념 반 마늘 반	18,000원
감자튀김	3,000원

<광동반점>

짜장면	6,000원
볶음밥	7,000원
탕수육	12,000원
세트 메뉴 (탕수육+짜장2)	20,000원

<사랑 분식 떡볶이>

매운 떡볶이	10,000원
궁중 떡볶이	15,000원
치즈 떡볶이	13,000원
김밥	4,000원
주먹밥	3,000원

<야식 왕>

갈비찜	25,000원
족발	20,000원
보쌈	25,000원
생선찌개	20,000원
공기밥	2,000원

보기

가: 저녁은 배달시켜 먹을래?
나: 좋아. 근처 맛집을 검색해 보자.
가: 내가 지난번에 시켜 먹었던 이 **치킨집이** 맛있었어.
나: 그래? **여기는 뭘 제일 잘 해**?
가: **양념치킨만 먹어 봤는데 아주 맛있었어**.
나: 그럼 그걸로 하자.
(전화를 건다.) **주문하려고 하는데요**.

배달되다 치킨집 분식집 야식집 배달시키다 지난번 양념치킨

2 전화로 음식을 배달시키려고 합니다. 메뉴를 보고 보기 와 같이 배달 주문을 하십시오.

❶ 도시락집

엄마 손 도시락	
많다 도시락	7,500원
바다 도시락	6,000원✓
풀꽃 도시락	6,000원
건강 샐러드	4,000원✓
배 부른 샐러드	4,000원

· 서울 하숙집
· 카드

❷ 돈가스집

도쿄 돈가스	
등심 돈가스	12,000원
안심 돈가스	13,000원✓
생선가스	12,000원
메밀국수	6,000원
우동	6,000원✓

· 연세대 기숙사 3207호
· 현금

❸ 샌드위치집

빵빵 샌드위치	
불고기 샌드위치	8,000원✓
김치 치즈 샌드위치	7,000원✓✓
달걀 샌드위치	6,000원
수박 주스	5,000원✓✓
오렌지 주스	4,000원✓

·
·

❹ 스파게티집

나폴리 스파게티	
토마토 스파게티	8,000원
크림 스파게티	8,000원
로제 스파게티	8,000원
마늘빵	1,500원
크림 스프	2,500원

·
·

보기

가: ……(따르릉, 따르릉.)……
　 네, 엄마 손 도시락입니다.
나: 여보세요? 거기 도시락집이죠? 주문하려고 하는데요.
가: 네, 말씀하세요.
나: 바다 도시락 1인분만 배달해 주세요. 그리고 건강 샐러드도 하나요.
가: 배달 받으실 주소 좀 말씀해 주세요.
나: 서울 하숙집으로 배달해 주세요.
가: 네, 결제는 어떻게 하시겠어요?
나: 카드로 할게요. 얼마나 걸려요?
가: 20분쯤 걸립니다.
나: 네, 맛있게 해 주세요.

저녁밥　배달하다　결제　카드

Ⅲ. 써 봅시다

음식 배달 앱을 찾아서 그 앱에 대해 쓰고 발표하십시오.

배달되는 음식의 종류	
결제 방법	
이 앱의 좋은 점	· · ·

한국의 음식 배달 앱

음식 배달 앱에 대해서 발표하겠습니다. 여러 가지 음식 배달 앱이 있었는데 그중에서 제가 발표할 음식 배달 앱은 ________ 입니다.

이 앱에서 배달 시킬 수 있는 음식 종류에는 ________ 등이 있습니다. 결제 방법은 ________

이 앱은 좋은 점이 많습니다. 먼저 ________

그리고 ________

이것으로 발표를 마치겠습니다. 끝까지 들어 주셔서 고맙습니다.

마치다

16과 건강

1. 콧물이 나는 데다가 열도 나요

• 학습 목표: 몸이 아플 때 증상을 설명할 수 있다.

Ⅰ. 준비해 봅시다

- 이 사람이 어디가 아픈 것 같습니까?
- 여러분은 한국에서 병원에 가 본 적이 있습니까?

이야기해 봅시다

1 어디가 아픕니까? 다음 표현을 사용하여 보기 와 같이 이야기하십시오.

몸이 아플 때

- 콧물이 나요.
- 코가 막혔어요.
- 열이 나요.
- 두통이 심해요.
- 기침을 해요.
- 목이 부었어요.
- 목이 쉬었어요.
- 몸이 떨려요.
- 배가 아파요.
- 소화가 안돼요.
- 변비가 있어요.

① 흐엉

② 유키

③ 주앙

④ 하늘

보기

가: 흐엉 씨, 어디 아파요?
나: 네, 코감기에 걸렸어요.
가: 많이 아파요?
나: 네, 콧물이 나는 데다가 열도 나요.
가: 병원에 가 보세요.
나: 네, 그래야겠어요.

콧물이 나다 열 두통 심하다 기침 붓다 목이 쉬다 몸이 떨리다 소화 변비 코감기 목감기 기침감기 배탈

2 병원에 갔습니다. 의사에게 어디가 아픈지 보기 와 같이 이야기하십시오.

❶	❷	❸	❹
감기에 걸렸어요. · 목이 아파요. · 콧물도 나요.	**배탈이 났어요.** · 배가 아파요. · 머리도 아파요.	**눈이 아파요.** · 눈이 부었어요. · 눈물도 나요.	· ·

이렇게 해야 해요.

· 며칠 약을 먹어야 한다. · 푹 쉬어야 한다.	· 몸을 따뜻하게 해야 한다. · 매운 음식을 먹지 말아야 한다.	· 약을 눈에 넣어야 한다. · 손으로 만지면 안 된다.	· ·

보기

가: 어디가 불편해서 오셨어요?

나: 감기에 걸려서 왔어요.

가: 어디가 어떻게 아프세요?

나: 목이 아픈 데다가 콧물도 나요.

가: 언제부터 그랬어요?

나: 어젯밤부터 그랬어요.

가: 어디 좀 봅시다. 심하지 않으니까 며칠 약을 드시고 푹 쉬세요.

나: 네, 알겠습니다. 병원에 또 와야 해요?

가: 낫지 않으면 사흘 후에 다시 오세요.

나: 그렇게 할게요. 감사합니다.

눈물　푹　만지다　어젯밤

III. 써 봅시다

친구가 이메일을 보냈습니다. 친구에게 답장을 쓰십시오.

유키 씨,

왜 학교에 오지 않았어요? 제가 몇 번 전화를 했는데 받지 않아서 걱정이 돼요. 혹시 어디 아픈가요? 선생님과 친구들 모두 걱정을 많이 하고 있어요.

우리 이번 주말에 반 모임이 있는데 기억해요? 반 모임에 올 수 있는지 알려 주세요. 제 이메일을 보면 꼭 답장을 해 주세요.

주앙 씀

보낸 사람	유키 <yuki @yonsei.com>
받는 사람	주앙 <joao@yonsei.com>
제 목	

주앙 씨,

연락해 줘서 고마워요. 몸이 안 좋아서 학교에 못 갔어요. ______

______

______

______

그래서 병원에 갔다가 왔는데 의사 선생님이 ______

______ 으라고/라고

했어요.

아마 다음 주에는 다 나아서 학교에 갈 수 있을 것 같아요. 반 모임에 ______

______

______

유키 씀

16과 건강

2. 비타민이라도 좀 먹어 봐

• 학습 목표: 증상에 맞는 약과 그 약의 복용 방법에 대해 설명할 수 있다.

Ⅰ. 준비해 봅시다

- 이 사람에게 무슨 약이 필요할 것 같습니까?
- 여러분은 약국에 가서 약을 산 적이 있습니까?

이야기해 봅시다

1 건강이 안 좋은 친구에게 어떻게 이야기하겠습니까? 보기 와 같이 이야기하십시오.

①	②	③	④

· 피곤하고 머리가 아프다. · 바쁜데 많이 쉬지 못했다.	· 며칠 동안 화장실에 못 갔다. · 바빠서 식사를 잘 못했다.	· 목과 어깨가 아프다. · 식당에 손님이 많기 때문에 쉴 수 없다.	· 소화가 잘 안 된다. ·

비타민을 먹는다.	아침마다 요구르트를 먹는다.	스트레칭을 한다.	·

보기

가: 너 어디 아파?

나: 피곤하고 머리가 아파.

가: 왜 그래?

나: 바쁜데 많이 쉬지 못해서 그런 것 같아. 병원에 가야 하는데 갈 시간이 없어.

가: 그럼 비타민이라도 좀 먹어 봐. 괜찮아질 거야.

나: 응. 알았어. 고마워.

비타민 요구르트 스트레칭

2 약국에 가서 약을 사려고 합니다. 보기 와 같이 이야기하십시오.

어디가 어떻게 아파요?

이렇게 하세요.

언제부터 아팠어요?

꼭 이렇게 해야 해요.

	환자		약사	
1		어젯밤부터 아팠는데 아침이 되니까 더 심해졌다.	☑ 종합 감기약 하루 세 번 2알 식사하고 30분 후에 먹는다.	· 속이 아플 수 있다. ⇨ 식사를 하고 먹어야 한다.
2		오늘 아침을 먹은 후부터 계속 아프다.	☑ 소화제 하루 세 번 1알 식사하기 전에 먹는다.	· 소화를 도와주는 약이다. ⇨ 식사 전에 먹어야 한다.
3		어제 아침에 무거운 물건을 들다가 다쳤다.	☑ 파스 하루 한 번 샤워 후 붙인다.	· 파스가 떨어질 수 있다. ⇨ 피부를 깨끗하게 하고 붙여야 한다.
4		점심을 먹고 친구들과 농구를 하다가 넘어졌다.	☑소독약 ☑반창고 하루 한 번 상처에 소독약을 바른 후 반창고를 붙인다.	· 상처가 심해질 수 있다. ⇨ 상처를 깨끗하게 소독해야 한다.

보기

가: 어서 오세요. 어떻게 오셨어요?

나: 목이 아프고 기침이 나요.

가: 언제부터 그러셨어요?

나: 어젯밤부터 조금씩 아팠는데 아침이 되니까 더 심해졌어요.

가: 그럼 이 종합 감기약을 드세요. 하루에 세 번 두 알, 식사를 하고 30분 후에 드세요.

나: 꼭 식사를 하고 먹어야 하나요?

가: 네, 속이 아플 수 있기 때문에 식사를 하고 먹지 않으면 안 됩니다.

나: 네, 알겠습니다. 모두 얼마예요?

가: 3,000원입니다.

나: 여기 있습니다. 안녕히 계세요.

약사　종합 감기약　알　소화제　파스　붙이다　떨어지다　피부　넘어지다
소독약　반창고　소독하다

III. 써 봅시다

여행 갈 때 가지고 갈 약을 준비합니다. 약을 고르고 그 약에 대한 설명을 쓰십시오.

먹는 약	바르는 약	붙이는 약
두통약 기침약 소화제 변비약 종합 감기약	소독약 모기약	멀미약 파스

❶ 두통약

❷

❸

❹

❶ 이 약은 두통약인데 머리가 아플 때 먹는다. 한 번 먹을 때 두 알 먹으면 된다. 그리고 속이 아플 수 있으니까 식사한 후에 먹지 않으면 안 된다.

❷

❸

❹

모기약 멀미약

1 보기 와 같이 이야기하십시오.

어디가 아팠어요?	어떻게 아팠어요?	의사/약사가 뭐라고 했어요?	그래서 어떻게 했어요?
감기에 걸렸다.	기침이 심하다. 목이 아프다. 열이 난다.	3일 동안 약을 먹고 푹 쉬세요.	비타민도 먹고 운동도 한다.

보기

가: 한국에서 병원이나 약국에 간 적이 있어요?

나: 네, 지난달에 감기에 걸려서 병원에 갔어요.

가: 어디가 어떻게 아팠어요?

나: 기침이 심한 데다가 목도 많이 아팠어요. 열도 났어요.

가: 힘들었겠어요. 의사 선생님이 뭐라고 했어요?

나: 3일 동안 약을 먹고 푹 쉬라고 했어요.

가: 지금은 다 나았지요?

나: 네, 지금은 건강해요. 그 후로 비타민도 먹고 운동도 하고 있어요.

2 다음 질문으로 친구와 이야기하십시오.

질문	친구	나
전화나 인터넷으로 장소를 예약한 적이 있어요?		
예약하기가 어땠어요?		
전화나 인터넷으로 음식을 주문해 본 적이 있어요?		
배달 주문하기가 어땠어요?		
친구에게 이야기해 주고 싶은 예약 앱이나 배달 앱이 있어요?		

3 전화나 인터넷으로 음식을 주문하거나 장소를 예약한 일에 대해 쓰십시오.

연습하기

문화

한국의 배달 음식

저녁에 배가 고픈데 집에 먹을 것이 없으면 어떻게 합니까? 갑자기 친구들이 집에 왔을 때 무엇을 먹으면 좋을까요? 한국에서는 쉽게 집으로 음식을 배달 시켜 먹을 수 있습니다. 전화 한 번, 클릭 몇 번이면 밖에 나가지 않고 치킨, 피자, 자장면, 냉면, 감자탕 등 여러 가지 음식을 집에서 쉽게 배달시켜 먹을 수 있습니다. 식당에 가서 먹는 것과 가격 차이가 많이 나지 않고 맛있는 음식을 빨리 먹을 수 있어서 한국 사람들은 전화, 인터넷, 모바일 앱으로 음식을 주문해서 먹습니다. 또 요즘에는 유명한 음식점의 음식을 배달 서비스를 이용해서 먹을 수도 있어서 편리하고 좋습니다.

1. 한국에서는 집으로 음식을 배달 시켜 먹으려면 어떻게 합니까?
2. 여러분의 고향에서는 어떤 음식을 배달 시켜 먹을 수 있습니까?

17과 취미

1. 농구만큼 재미있는 게 없어요

• 학습 목표: 취미를 소개하고 장점에 대해 이야기할 수 있다.

Ⅰ. 준비해 봅시다

- 여러분의 취미는 무엇입니까?
- 그 취미의 좋은 점이 무엇입니까?

Ⅰ. 이야기해 봅시다

1 취미와 취미의 좋은 점에 대해 보기 와 같이 이야기하십시오.

취미

영화 감상　등산　여행　사진 찍기
음악 감상　운동　요리　노래 부르기
독서　산책　컴퓨터 게임　그림 그리기

좋은 점

· 건강해진다.
· 기분이 좋아진다.
· 아는 것이 많아진다.
· 친구들을 사귈 수 있다.
· 외국어 공부에 도움이 된다.
· 그 나라 문화를 배울 수 있다.

기분도 좋아지고 건강해져요.

외국어 공부에 도움이 돼요.

아는 것이 많아지고 글도 잘 쓰게 돼요.

① 에릭

② 흐엉

③ 하늘

④

보기

가: 에릭 씨는 좋아하는 게 뭐예요?

나: 제 취미는 농구예요.

가: 농구가 재미있어요?

나: 네, 저는 농구만큼 재미있는 게 없어요. 농구를 하면 기분도 좋아지고 몸도 건강해져요.

가: 농구를 자주 하세요?

나: 네, 아무리 바빠도 일주일에 두 번쯤 농구를 해요.

음악 감상　외국어　도움이 되다　문화　글　아무리

2 어떤 취미가 좋을까요? 그림을 보고 보기 와 같이 이야기하십시오.

① 

노라

저는 집에 있는 것보다
밖에 나가는 걸 좋아해요.
주말에 보통 밖에서 친구들과 노는데
너무 자주 하니까 재미없어요.

② 

존

저는 아직 한국말을 잘 못해서
한국에서 생활하기가 힘들어요.
빨리 한국말을 잘 했으면 좋겠어요.

③ 

유키

고향에 있을 때는 건강했는데
요즘은 날마다 음식을 사 먹고
운동도 하지 않아서
건강이 나빠졌어요.

④ 

타오

저는 친구가 별로 없어요.
친구들과 이야기를 많이 하고 싶은데
조용한 성격이라서
친구를 빨리 사귀지 못해요.

노라 씨,
여행을 해 보세요.

존 씨, 한국 드라마와
영화를 보세요.

유키 씨,
운동을 좀 해 보세요.

타오 씨,
____

보기

노라 씨, **여행을** 한번 해 보세요. 저도 **밖에 나가는 걸 좋아해서 여행을** 시작했는데 이제는 **여행만큼 즐거운** 일이 없는 것 같아요. **여행을** 하면 **아름다운 경치를 보면서 좋은 생각을 할 수 있고 기분도 좋아져요**. 그래서 저는 아무리 바빠도 **세 달에 한 번쯤 여행을 가요**. **여행을 하세요.**

III. 써 봅시다

취미가 같은 사람들과 동아리를 만들려고 합니다. 동아리를 소개하는 글을 쓰고 발표하십시오.

내가 관심 있는 것	
만들고 싶은 동아리	
만들고 싶은 이유	
모이는 시간	
모임에서 하고 싶은 것	

같이 만나서 ______ 분들을 찾습니다

안녕하세요? 저는 ______에 관심이 많아서

______

저와 취미가 같은 사람들과 ______

______고 싶어서 학교 홈페이지에 이 글을 씁니다.

______

______

______

______만큼 ______은/ㄴ/는 것은 없는 것 같습니다.

______

______

______ 분들은 연락해 주세요.

______

관심

17과

취미

2. 자전거를 탈 줄 아세요?

• 학습 목표: 취미 활동에 대해 구체적으로 설명할 수 있다.

Ⅰ. 준비해 봅시다

- 이 사람들이 무슨 이야기를 합니까?
- 여러분은 시간이 있을 때 무엇을 합니까?

이야기해 봅시다

1 취미 활동에 대해 이야기합니다. 보기 와 같이 이야기하십시오.

① **유키**/자전거 타기 ② **주앙**/드럼 치기 ③ **노라**/낚시하기 ④ ____ / ________

보기

가: 유키 씨는 시간이 있을 때 뭘 해요 ?
나: 저는 시간이 있을 때마다 자전거를 타요.
가: 자전거 타는 것을 좋아하세요?
나: 네, 어렸을 때부터 하던 취미예요. 하늘 씨도 자전거를 탈 줄 아세요?
가: 아니요, 저는 자전거를 탈 줄 몰라요.
나: 그럼 다음에 제가 가르쳐 드릴게요.

드럼 낚시하다

2 취미가 비슷한 친구들과 모이십시오. 취미 활동에 대해 보기 와 같이 이야기하십시오.

① **운동**

수영

존 / 볼링
· 볼링 동호회에서 일주일에 한 번씩 볼링장에 간다.

② **요리**

한식 만들기

타오 / 빵 굽기
· 문화 센터에 가서 빵과 케이크 굽는 것을 배운다.

③ **음악**

피아노 치기

주앙 / 드럼 치기
· 음악 동아리에서 금요일마다 드럼을 친다.

④

보기

가: 존 씨, 운동을 좋아하세요?
나: 네, 운동만큼 좋은 취미는 없는 것 같아요.
가: 저는 수영하는 것을 좋아하는데 존 씨는요?
나: 저는 수영을 할 줄 몰라요.
가: 그럼 뭘 좋아하세요?
나: 저는 볼링 치는 것을 좋아해요. 볼링을 칠 줄 아세요?
가: 네, 저도 고향에서 자주 하던 거예요.
나: 저는 요즘 볼링 동호회에서 일주일에 한 번씩 볼링장에 가요.
가: 저도 관심이 있는데 다음에 같이 가도 돼요?
나: 그럼요. 같이 가요. 취미 활동도 하고 친구들도 사귈 수 있어서 좋아요.

볼링 볼링장

III. 써 봅시다

여러분의 취미 활동에 대한 글을 쓰고 발표하십시오.

취미	
그 취미를 가지게 된 이유	
그 취미의 좋은 점	
취미 활동을 더 재미있게 하는 방법	

나의 취미

여러분은 ________ 는 것을 좋아하십니까? 저는 아주 좋아합니다.

이 취미가 좋아진 이유는 ________ 기 때문입니다. 특히 ________

제 취미는 좋은 점이 많습니다. ________ 어서/아서/여서 좋습니다. 그리고 ________

이 취미 활동을 더 재미있게 하는 방법도 있습니다. ________ 으면/면 더 재미있습니다.

이것으로 제 취미 이야기를 마치겠습니다. 제 발표를 끝까지 들어 주셔서 고맙습니다.

특히

18과

계획

1. 방학 때 아르바이트를 하는 사람이 많던데요

• 학습 목표: 휴일 계획을 이야기할 수 있다

Ⅰ. 준비해 봅시다

- 이 사람이 어디에 가고 싶어 하는 것 같습니까?
- 여러분은 이번 방학이나 휴가 때 무엇을 하고 싶습니까?

I. 이야기해 봅시다

1 주말에 무엇을 하겠습니까? 보기 와 같이 이야기하십시오.

❶ 가을 콘서트

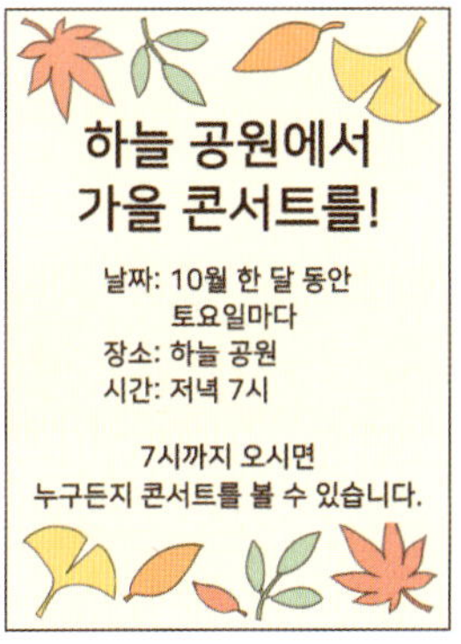

❷ 외국인을 위한 요리 교실

❸ 서울 벼룩시장

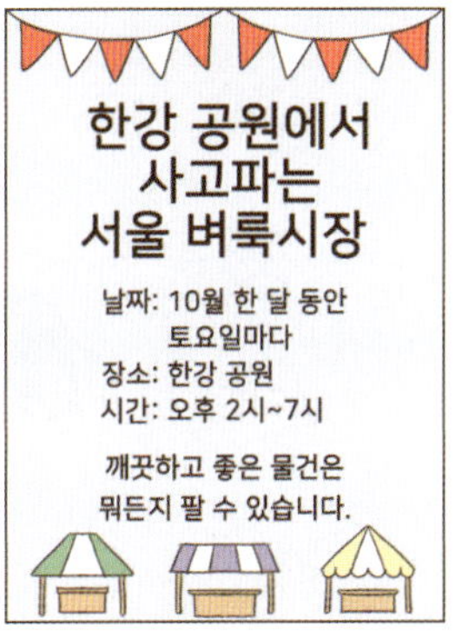

❹ 야구 동호회

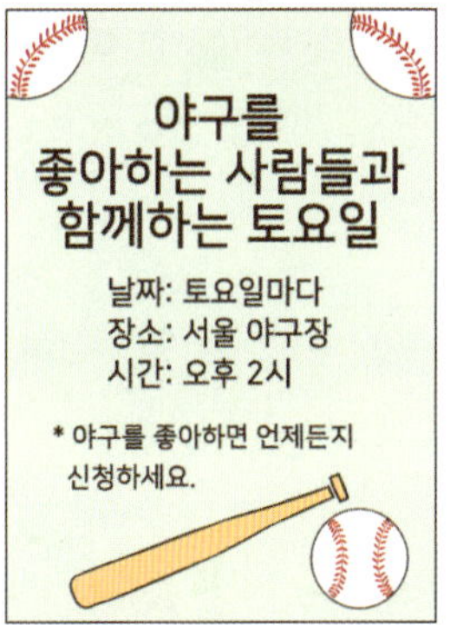

보기

가: 이번 주말에 뭐 할 거야?

나: 특별한 계획이 없어. 뭐 재미있는 게 없을까?

가: 지난 주말에 간 가을 콘서트가 좋던데.

나: 그래? 나도 콘서트에 가 보고 싶은데.

가: 토요일마다 하늘 공원에서 하는데 7시까지 가면 누구든지 볼 수 있어.

나: 재미있겠다. 이번 주말에 나도 가 봐야겠다.

학원　벼룩시장

2 방학이나 휴가 때 무엇을 하겠습니까? 보기 와 같이 이야기하십시오.

방학:
아르바이트를 할 거예요.
운동도 할 거예요.

① 흐엉

방학:
언어 교환을 할 거예요.
운전 학원에 다닐 거예요.

② 주앙

어떤 계획이 있어요?

휴가:
제주도로 여행 가요.
책도 좀 읽을 거예요.

③ 레오

④

보기

가: 흐엉 씨, 방학이 언제예요?
나: 다음 주부터 방학이에요.
가: 이번 방학에 고향에 갈 거예요?
나: 아니요, 이번에는 안 갈 거예요.
가: 왜요? 무슨 다른 계획이 있어요?
나: 네, 이번에는 아르바이트도 하고 운동도 하려고 해요.
가: 바쁘겠네요. 요즘 방학 때 아르바이트를 하는 사람들이 많던데요.
나: 맞아요. 아르바이트를 하면 경험도 쌓을 수 있고 돈도 벌 수 있어서 좋아요.
가: 방학이 기대가 되겠네요. 그럼 방학 즐겁게 보내세요.
나: 네, 하늘 씨도 잘 지내세요.

경험　쌓다　벌다

III. 써 봅시다

방학이나 휴가 때 무엇을 할 계획입니까? 친구와 이야기하고 계획을 쓰십시오.

질문	친구	나
방학/휴가가 언제예요?		
무엇을 할 거예요?		
그 일을 하고 싶은 이유가 뭐예요?		
더 하고 싶은 일이 있어요?		
왜 그 일을 하고 싶어요?		

나의 ______ 계획

나의 ______ 은/는 ______ 이다. 나는 이번 ______ 때 ______ 그 이유는 ______ 기 때문이다.

______

______ 어서/아서/여서

이번 휴가가 많이 기대가 된다.

18과 계획

2. 날마다 운동을 하려고 했는데 하루밖에 못 했어

• 학습 목표: 하고 싶은 일에 대한 계획을 이야기할 수 있다.

Ⅰ. 준비해 봅시다

- 한국어를 배운 후에 무엇을 할 계획입니까?
- 여러분은 10년 후에 어디에서 무엇을 하고 있을 것 같습니까?

이야기해 봅시다

1 계획한 것을 잘 지키고 있습니까? 보기 와 같이 이야기하십시오.

	처음 계획		현재의 상황
①	존  운동	날마다 운동을 해야겠다.	이번 주에는 힘들어서 하루밖에 못했다.
②	에릭  한국어 단어 공부	날마다 한국어 단어를 외워야겠다.	한국어 문법 공부밖에 못하고 있다.
③	흐엉  예습, 복습	날마다 예습, 복습을 해야겠다.	시간이 없어서 복습밖에 못한다.
④	유키  다이어트	다이어트를 해야겠다.	배고픈 것을 못 참아서 3일밖에 못했다.

보기

가: 존, 요즘 어떻게 지내?

나: 지난주부터 운동을 하고 있어.

가: 그렇구나. 계속 잘하고 있어?

나: 날마다 하려고 했는데 이번 주에는 힘들어서 하루밖에 못했어.

가: 날마다 운동을 하는 게 쉬운 일은 아니지.

나: 맞아. 나는 계획만 세우면 잘할 수 있을 줄 알았어.

다이어트 참다

2 여러분은 미래에 대해 생각해 본 적이 있습니까? 보기 와 같이 이야기 하십시오.

그 후에는 무엇을 할 거예요?

결혼은 생각해 본 적이 있어요?

앞으로 무슨 일을 할 거예요?

10년 후에는 어디에 살고 있을 것 같아요?

① 노라	② 흐엉	③ 주앙	④

· 대학원 공부 · 대학 교수 · 28살 정도에 결혼 · 한국	· 통역 공부 · 통역사 · ·	· 대학교 공부 · 대학원에서 공부 · ·	

보기

가: 노라 씨는 앞으로 무슨 일을 할 거예요?

나: 저는 한국 대학원에서 공부를 더 하고 싶어요. 그래서 요즘 한국어 공부를 하고 전공 공부도 하고 있어요.

가: 그래요? 그럼 그 후에는 무엇을 할 거예요?

나: 저는 대학교에서 학생들을 가르치는 교수가 되고 싶어요.

가: 좋은 생각이네요. 결혼은 생각해 본 적이 있어요?

나: 글쎄요, 공부를 다 하고 한 28살 정도에 하면 좋겠다고 생각을 하고 있어요.

가: 그럼 10년 후에는 어디에서 살고 있을 것 같아요?

나: 저는 한국에서 살면 좋을 것 같아요.

가: 노라 씨는 잘할 수 있을 거예요.

나: 고마워요. 아직 준비를 조금밖에 못했지만 더 열심히 할 거예요.

한 정도

III. 써 봅시다

여러분이 미래에 하고 싶은 일은 무엇입니까? 여러분의 계획을 쓰고 발표하십시오.

하고 싶은 일	준비할 것	계획
통역사	□ 외국어 공부 □ 대학원 입학 □ 학비 모으기	□ 어학당에서 1년 동안 공부 □ 대학원 입학시험 준비 □ 아르바이트
	□ □ □	□ □ □

내가 하고 싶은 일

저는 나중에 ______ 이/가 되고 싶습니다. ______ 이/가 되려면 준비해야 할 것들이 많습니다. 먼저 ______ 그리고 ______

그래서 저는 몇 가지 계획을 세웠습니다.

첫 번째 계획은 ______

아직 많이 준비하지 못했지만 제 꿈을 생각하면서 더 열심히 노력할 것입니다. 제 이야기를 들어 주셔서 고맙습니다.

학비

복습 17-18과

1 보기 와 같이 이야기하십시오.

친구	취미	횟수	언제	좋은 점
우진	등산	한 달에 한 번	주말	·담배를 끊게 된다. ·일을 많이 해도 피곤하지 않다.

보기

가: **우진 씨**, 지난 주말에 에스앤에스에 올린 사진을 보니까 **등산을 하셨던데요**.

나: 네, 제 취미가 **등산이에요**.

가: 그래요? **등산을 자주 하세요**?

나: 아니요, 자주 하고 싶지만 **바빠서 한 달에 한 번밖에** 못 해요.

가: 그렇군요. **등산을** 시작하고 뭐가 좋아졌어요?

나: **담배를 끊게 됐어요**. **일을 많이 해도 피곤하지 않고요**.

가: 그럼 저도 **등산을** 시작해 봐야겠네요.

나: 네, 해 보세요. **등산만큼 좋은 취미는** 없는 것 같아요.

2 다음 질문으로 친구와 이야기하십시오.

질문	친구	나
보통 주말에 뭘 해요?		
이번 주말에는 어떤 계획이 있어요?		
이번 방학에 뭘 할 거예요?		
한국어 공부가 끝나면 뭘 하고 싶어요?		
10년 후에 뭘 하고 있을 것 같아요?		
미래를 어떻게 준비하고 있어요?		

에스앤에스(SNS)

3 여러분이 앞으로 하고 싶은 일에 대해 쓰십시오.

연습하기

문화

한국인의 새해 계획

연말이 되면 너도나도 새로운 마음으로 새해 계획을 세웁니다. 한국인들은 새해에 어떤 계획을 세울까요? 한국인들의 새해 계획에서는 공부, 독서, 여행, 운동, 다이어트, 금연 등이 자주 등장한다고 합니다. 즉 한국인들은 자기 계발이나 건강에 관심이 많다는 것을 알 수 있습니다. 이렇게 열심히 계획을 세우지만 계획을 세운다고 모두 지킬 수 있는 것은 아닙니다. 계획을 세워도 지키기 힘들어서 3일 만에 포기한다는 '작심삼일'이라는 표현도 있으니까요. 하지만 1월 1일의 새해 계획을 잘 지키지 못해도 너무 실망하지 마세요. 한국에서는 음력 1월 1일인 설날에 다시 한 번 새해 계획을 세울 기회가 있답니다.

1. 한국인의 새해 계획 중에서 무엇이 가장 마음에 듭니까?
2. 여러분이 세운 새해 계획은 무엇이었습니까?

19과 여행

1. 인터넷으로 검색한 뒤에 가장 좋은 곳을 골랐어요

• 학습 목표: 여행한 경험에 대해 이야기할 수 있다.

Ⅰ. 준비해 봅시다

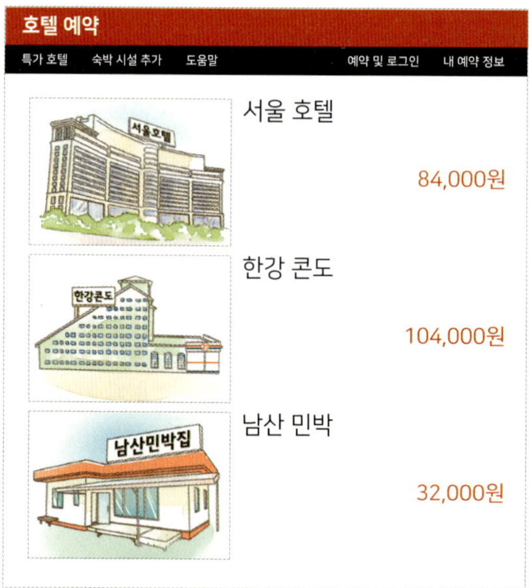

- 여행을 가기 전에 필요한 정보를 어떻게 찾습니까?
- 여러분은 이번 방학에 여행 계획이 있습니까?

이야기해 봅시다

1 친구가 여행을 다녀왔습니다. 보기 와 같이 이야기하십시오.

	 ① 전주	 ② 통영	 ③ 제주도	 ④
여행지				?
	·음식이 맛있다. ·한옥 마을에 구경할 것이 많다.	·해변이 아름답다. ·해산물이 맛있다.	·풍경이 아름답다. ·	· ·
여행 기간	1박 2일	3박 4일	2박 3일	
숙박 시설	한옥 게스트 하우스	펜션		

보기

가: 지난 방학에 전주에 여행을 갔다 왔어. 음식도 맛있고 한옥 마을에 구경할 것도 많던데.

나: 좋았겠다. 나도 전주에 한번 가 보고 싶었는데. 며칠이나 갔다 왔어?

가: 1박 2일 일정으로 갔다 왔어.

나: 어디에서 숙박했어?

가: 인터넷으로 검색한 뒤에 깨끗하고 숙박 요금이 싼 한옥 게스트 하우스를 예약했어.

나: 그랬구나. 나도 다음 방학에 전주에 가 봐야겠다.

여행지 기간 숙박 시설 한옥 마을 -박 -일 게스트 하우스 통영 해변 펜션 풍경 일정 숙박하다

2 여행이 어땠습니까? 보기 와 같이 이야기하십시오.

	 ❶ 홋카이도	 ❷ 홍콩	 ❸ 방콕	 ❹
여행지				?
좋은 점	·온천욕을 할 수 있다. ·아름다운 풍경을 볼 수 있다.	·맛있는 음식이 많다. ·야경을 구경할 수 있다.	·구경할 것이 많다. ·	· ·
숙박 시설	온천 호텔	쇼핑센터 근처 호텔	시내 호텔	
고른 이유	·서비스가 좋다. ·음식도 맛있다.	·쇼핑하기 편하다. ·주변에 식당도 많다.	·교통이 편리하다. ·	· ·

보기

가: 지난 방학에 어디에 다녀왔어요?
나: **홋카이도로** 여행을 다녀왔어요.
가: 여행이 어땠어요?
나: **온천욕도 하고 아름다운 풍경도 볼 수 있어서** 너무 좋았어요.
가: 정말 좋았겠네요. 어디에서 숙박했어요?
나: **온천 호텔에서** 잤는데 마음에 들었어요.
가: 숙박 시설은 어떻게 알아봤어요?
나: 인터넷으로 검색한 뒤에 **서비스가 좋고 음식도 맛있다고** 하는 곳을 골랐어요.
가: 저도 여행을 가려고 하는데 도움이 많이 됐어요. 고마워요.
나: **좋은 곳은 예약하기가 힘드니까 빨리 알아보세요.**

홋카이도 온천욕 야경 쇼핑센터 방콕

III. 써 봅시다

지금까지 여행한 곳 중에서 어디가 제일 좋았습니까? 친구와 이야기하고 여행을 다녀온 경험에 대해 쓰십시오.

질문	친구	나
어디를 여행했어요?		
누구하고 갔어요?		
몇 박 며칠로 갔어요?		
무엇을 타고 갔어요?		
어디에서 숙박했어요?		
숙박 시설이 어땠어요?		
왜 거기에 갔어요?		
여행지에서 뭘 했어요?		
여행지가 어땠어요?		
그 여행이 왜 좋았어요?		

나의 여행기

_______________ 으로/로 여행을 갔다.

19과 여행

2. 가족 여행을 가기로 했으면 설악산에 가는 게 어때요?

• 학습 목표: 여행지를 추천할 수 있다.

Ⅰ. 준비해 봅시다

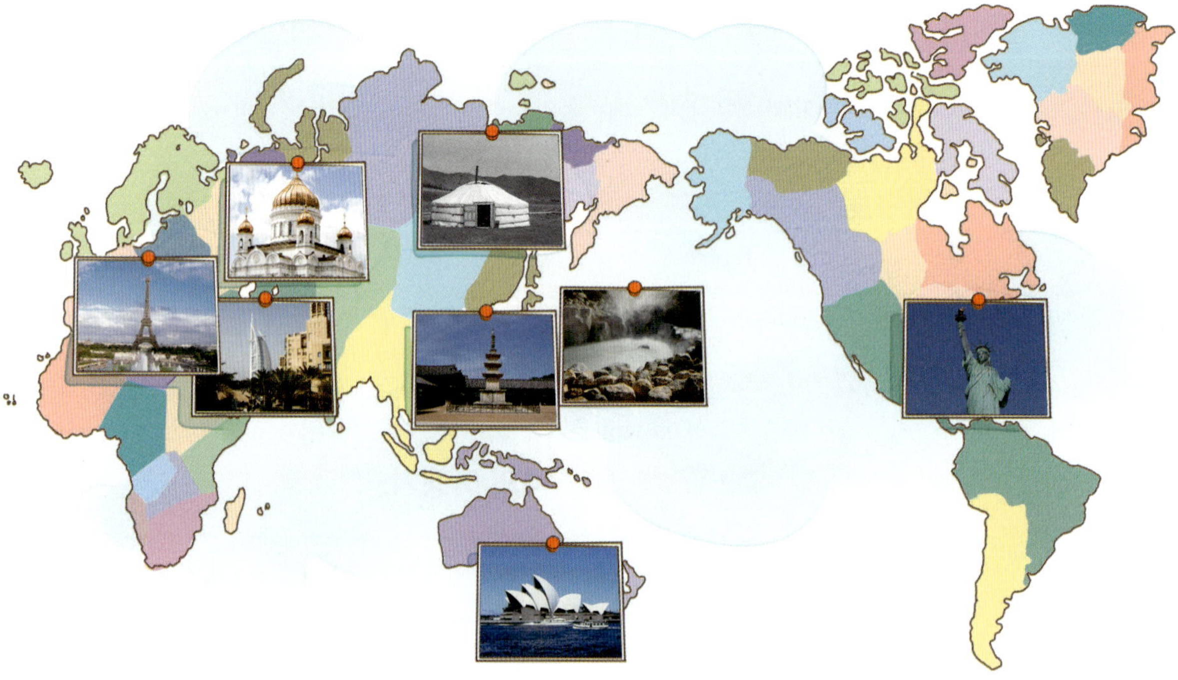

- 이 그림에서 어디로 여행을 갔으면 좋겠습니까?
- 여러분이 여행한 곳 중에서 친구에게 추천하고 싶은 곳은 어디입니까?

이야기해 봅시다

1 친구에게 여행지를 추천해 주려고 합니다. 다음 표현을 사용하여 보기 와 같이 이야기하십시오.

좋은 여행지를 말해 줄 때	대답할 때
· **설악산에** 가는 게 어때요? · **여기가** 제일 좋아요. · **거기에** 가면 좋을 거예요.	· 맞아요, 거기가 좋겠어요. · 그럼 거기에 가면 되겠네요. · 그래요? 거기가 그렇게 좋은지 몰랐어요.

①	②	③	④
· 부모님하고 가족 여행 · 2박 3일	· 가족들하고 해외여행 · 4박 5일	· 식구들하고 여름휴가 ·	· · ·

			?
설악산 · 사계절 모두 경치가 아름답다.	**태국** · 신기한 볼거리가 많다.	**부산** ·	 ·

보기

가: 부모님하고 가족 여행을 가기로 했는데 어디로 가면 좋을까요?

나: 며칠이나 갔다가 올 건데요?

가: 2박 3일 정도 갔다가 오려고 해요.

나: 3일 정도 가족 여행을 가기로 했으면 설악산에 가는 게 어때요? 사계절 모두 경치가 아름다워요.

가: 그래요? 거기가 그렇게 좋은지 몰랐어요.

나: 가 보면 정말 좋을 거예요.

가족 여행   해외여행   신기하다   볼거리   식구   여름휴가

2 친구가 여행을 가려고 합니다. 보기 와 같이 이야기하십시오.

여행지로 어디가 좋을까?
- 언제?
- 누구하고?
- 무슨 여행?
- 얼마 동안?

①	②	③	④
방학하면 ……	방학하면 ……	연휴가 시작되면 ……	
· 부모님과 온천 여행 · 2박 3일	· 친구들하고 배낭여행 · 열흘	· 친구들과 맛집 여행 · 3박 4일	· · ·

설악 온천 (X)	시드니 (X)	오사카 (X)	(X)
도고 온천 (O) ·온천물이 정말 좋다. ·멀지 않다.	이스탄불 (O) ·유적지와 옛날 유물이 많다. ·경치가 아름답다.	타이베이 (O) ·맛집이 많다. ·	(O) · ·

"여기가 어때요?"

보기

가: 이번 방학에 뭘 할 거예요? 무슨 계획이 있어요?

나: 네, 방학하자마자 여행을 가려고 해요.

가: 그래요? 어디로 갈 거예요?

나: 글쎄요, 부모님하고 온천 여행을 가기로 했는데 어디가 좋을까요?

나: 며칠이나 갔다가 올 건데요?

나: 2박 3일 정도 여행하려고 해요.

가: 2박 3일이면 설악 온천이 제일 좋아요.

나: 거기는 지난번에 가 봤어요.

가: 그럼 도고 온천에 가는 건 어때요? 온천물이 정말 좋고 멀지 않던데요.

나: 그럼 거기에 가면 되겠네요. 알려 줘서 고마워요.

온천 도고 온천물 배낭여행 이스탄불 유적지 옛날 유물 타이베이

III. 써 봅시다

친구에게 추천하고 싶은 여행지가 있습니까? 그 여행지에 대해 쓰고 발표하십시오.

장소	
소개	
위치	
가는 방법	
볼거리	

여행하기 좋은 곳

여러분은 ______ 에 가 본 적이 있습니까? 오늘 제가 여러분에게 꼭 한번 가 보라고 말하고 싶은 곳은 바로 ______ 입니다. ______ 은/는 ______

______

______ 은/는 ______ 에 있습니다.

______

그곳에 가려면 ______

______

______

그곳에는 볼거리도 많습니다. ______

______

______ 특히 ______

______

______

20과 날씨와 생활

1. 비가 내릴 거라고 하니까 다른 걸 하는 게 좋겠어

• 학습 목표: 날씨에 맞는 활동을 제안할 수 있다.

Ⅰ. 준비해 봅시다

- 이 일기 예보를 보면 내일 날씨가 어떨 것 같습니까?
- 여러분은 날씨 때문에 계획을 바꾼 적이 있습니까?

이야기해 봅시다

1 일기 예보를 보고 주말 계획을 세웁니다. 보기 와 같이 이야기하십시오.

처음 계획			
① 바다 해수욕하기	② 놀이공원 놀이 기구 타기	③ 남산 케이블카 타기	④ 경복궁 한복 입고 사진 찍기
날씨			
토요일  **25℃** **비가 내림**	**일요일**  **20℃** **안개가 낌**	**토요일**  **18℃** **바람이 강함**	**일요일**  **-5℃** **눈이 옴**
바뀐 계획			
해물 칼국수 먹기	수족관 구경하기	커피 마시기	박물관 구경하기

보기

가: 윤아야, 우리 토요일에 바다에 해수욕하러 가기로 했지?

나: 응, 그런데 왜?

가: 그날 비가 내릴 거라고 하니까 해수욕은 안 하는게 좋겠어.

나: 그럼 뭘 하면 좋을까?

가: 거기에 가서 해수욕하지 말고 해물 칼국수를 먹자.

나: 그게 좋겠다. 그렇게 하자.

내리다 바뀌다 안개 끼다 케이블카 강하다

2 친구의 고향으로 여행을 가려고 합니다. 보기 와 같이 이야기하십시오.

	❶	❷	❸	❹
여행갈 곳	노라의 고향 노르웨이	유키의 고향 일본	존의 고향 케냐	
날씨	· 2월에는 보통 눈이 많이 내리고 춥다. · 6월이나 7월이 좋다.	· 8월에는 덥고 태풍이 올 수 있다. · 11월이나 12월이 좋다.	· 4월에는 비가 오고 습하다. · 7월이나 8월이 좋다.	· ·
유명한 곳	피오르드	온천	기린 공원	

보기

가: 노라, 나 노르웨이로 여행을 가려고 해.

나: 그래? 언제 갈 건데?

가: 2월에 가려고 해.

나: 2월에 가지 말고 6월이나 7월에 가는 게 어때?

가: 왜?

나: 2월에는 보통 눈이 많이 내리고 날씨도 추워.

가: 그럼 7월에 가야겠다.

나: 그때는 날씨가 괜찮을 거야.

가: 노르웨이는 피오르드가 유명하다고 하니까 거기에 꼭 가 보려고 해.

나: 그래, 거기에 가면 좋을 거야. 또 알고 싶은 게 있으면 언제든지 물어봐.

태풍　습하다　기린

III. 써 봅시다

날씨가 어떻습니까? 날씨를 검색해서 일기 예보를 쓰고 발표하십시오.

오늘 날씨	
아침 기온	
낮 기온	
내일 날씨	
아침 기온	
낮 기온	
날씨에 맞는 활동	
날씨에 안 맞는 활동	

오늘과 내일의 날씨

날씨를 말씀 드리겠습니다. 오늘은 ______________________

____

아침 기온은 __________ 낮 기온은 __________

내일은 ______________________

____

오늘은 날씨가 ______________________

__________지 마시고 __________

____

지금까지 오늘과 내일의 날씨였습니다.

기온 활동

20과

날씨와 생활

2. 운전하기 힘들 테니까 버스를 타고 나갈까?

• 학습 목표: 날씨에 맞는 활동을 계획할 수 있다.

Ⅰ. 준비해 봅시다

봄

15℃ 맑음

여름

35℃ 구름 많음

가을

10℃ 비

겨울

-2℃ 구름 많고 눈

- 이 그림과 같은 날씨에 무엇을 하면 좋겠습니까?
- 여러분은 언제 날씨를 알아봅니까?

이야기해 봅시다

1 친구와 함께 오늘의 날씨에 대해 이야기합니다. 보기 와 같이 이야기하십시오.

❶	❷	❸	❹
			?
3℃	36℃	28℃	
· 눈 때문에 운전하기 힘들어요. · 운전을 하지 마세요.	· 햇빛 때문에 외출하기 힘들어요. · 실내 활동을 하세요.	· 옷이 잘 마르지 않아요. · 빨래는 다음에 하세요.	

보기

가: 오늘 날씨 어때?

나: 일기 예보를 보니까 오늘은 하루 종일 눈이 온다고 해.

가: 기온은 어때?

나: 영하 3도라고 해.

가: 그러면 눈이 와서 운전하기 힘들 테니까 버스를 타고 나갈까?

나: 그래, 그게 좋겠다.

햇빛 실내 마르다 종일 그러면

2 일기 예보를 보고 계획을 다시 세웁니다. 보기 와 같이 이야기하십시오.

처음 계획	일기 예보	
	오전	오후
① 공원에서 자전거 타기	-10℃	5℃
② 소풍 가기	미세 먼지 나쁨	미세 먼지 좋음
③ 한강 수영장에서 수영하기	 흐림	 비
④ ______		

바뀐 계획

- 집에서 영화 보기
- 극장에서 영화 보기
- 노래방에서 노래 부르기
- 박물관/미술관 구경하기
- 쇼핑몰에서 쇼핑하기
- 피시방에서 게임하기
- 환기하고 청소하기
- ______

보기

가: 우리 오늘 자전거 타기로 했지?
나: 응, 왜? 무슨 일이 있어?
가: 오늘 일기 예보를 봤는데 춥다고 해.
나: 진짜? 하루 종일 추울까?
가: 오전에는 춥지만 오후에는 조금 따뜻해진다고 해.
나: 그럼 오전에는 자전거를 못 타겠구나.
가: 응, 못 탈 것 같아.
나: 그러면 오전에는 우리 집에서 영화라도 볼래?
가: 그게 좋겠다. 자전거는 오후에 타자.
나: 그렇게 하자.

미세 먼지　환기

III. 써 봅시다

이번 주말 날씨가 어떻습니까? 날씨를 검색해 보고 계획을 쓰십시오.

주말 날씨	
최저 기온/최고 기온	
미세 먼지	
처음에 하려고 했던 일	
일기 예보를 보고 세운 계획	

주말 날씨와 나의 계획

이번 주말에는 ________ 는다고/ㄴ다고/다고/라고 한다. 최저 기온은 ________ 이고 최고 기온은 ________ 미세 먼지는 ________

처음에는 ________

최저 최고

1 보기 같이 친구와 이야기하십시오.

계획	기간	교통편	할 일
경주 여행	2박 3일	기차	· 불국사, 석굴암, 첨성대 등 유적지 구경 · 유명한 맛집 가 보기

보기

가: 주앙! 이번 방학 때 특별한 계획 있어?
나: 응, 나는 이번 방학 때 경주로 여행을 다녀올 계획이야.
가: 그래? 며칠 동안 가?
나: 2박 3일 동안 다녀오기로 했어.
가: 경주까지는 어떻게 가?
나: 기차로 가려고 해.
가: 경주에 가서 뭘 할 거야?
나: 불국사, 석굴암, 첨성대 등 유적지도 구경하고 경주에서 유명한 맛집에도 가 보려고 해.

2 다음 질문으로 친구와 이야기하십시오.

질문	친구	나
친구가 서울에 여행을 오는데 몇 박 며칠 일정으로 오면 좋을까요?		
어디에 가면 좋을까요?		
서울에서는 어떤 교통편을 이용하면 좋을까요?		
요즘 날씨는 어떤가요?		
친구가 꼭 가지고 와야 하는 준비물은 뭘까요?		

3 서울 관광 상품을 만들고 그것을 소개하는 글을 쓰십시오.

연습하기

문화

서울로 떠나는 여행

서울에서 어디에 가 봤습니까? 서울에는 여러분의 한국 생활을 더욱 즐겁게 만들어 줄 특별한 곳들이 많이 있습니다. 경복궁과 창덕궁에 가면 한국의 역사, 옛 모습을 알 수 있는데 한복 대여점에서 한복을 빌려 입고 구경을 할 수도 있습니다. 그리고 한강에 가면 시원한 강바람과 함께 자전거나 배를 탈 수도 있고 한강에 있는 공원에서 음식을 사 먹을 수도 있습니다. 10월에는 여기에서 세계불꽃축제도 열려 서울의 밤을 즐길 수 있습니다. 쇼핑을 좋아하면 명동, 동대문, 남대문, 신사동, 강남에 가 보십시오. 모두 교통이 편리한 곳에 있어 쉽게 갈 수 있습니다. 다양한 종류의 물건을 구경하고 살 수 있을 뿐만 아니라 근처에 커피숍, 맛집도 많아 좋습니다.

1. 서울에서 어디에 가면 좋습니까?
2. 여러분의 고향에서 추천하고 싶은 여행지가 있습니까? 그 이유는 무엇입니까?

부록

모범 답안
색인

1 인사와 소개

1-1 과제 3

<나의 한국 생활>

저는 베트남에서 온 흐엉입니다. 저는 3개월 전에 한국말을 공부하고 싶어서 한국에 왔습니다.

저는 요즘 한국에서 즐겁게 지냅니다. 한국 생활에 많이 익숙해졌습니다. 처음에는 한국어 공부가 어려웠지만 이제는 재미있습니다. 친구들도 많이 사귀었습니다.

주말에는 보통 친구들과 식사도 하고 이야기도 많이 합니다. 한국에서 친구도 많이 사귀고 한국어 공부도 열심히 하고 즐겁게 지내려고 합니다.

1-2 과제 3

<한국어를 배운 후의 계획>

저는 노르웨이에서 온 노라입니다.

저는 한국어 공부를 시작한 지 3개월 됐습니다. 처음에는 한국 텔레비전 프로그램을 보고 재미있어서 한국어 공부를 시작했습니다.

지금은 한국에서 대학원에 들어가서 신문 방송학을 전공하려고 한국어를 공부하고 있습니다.

앞으로 한국어를 다 배운 후에는 방송국에서 일하고 싶습니다.

여기까지 한국어를 배운 후의 저의 계획 이야기였습니다.

들어 주셔서 고맙습니다.

2 친구와 가족

2-1 과제 3

<내 친구>

제 친구를 소개하겠습니다. 친구 이름은 김리나입니다. 저는 리나를 만난 지 5년 됐습니다. 우리는 대학교에서 처음 만났습니다.

제 친구 리나는 예쁘고 키가 큽니다. 머리가 짧고 눈이 큽니다. 그리고 리나는 성격이 아주 좋습니다. 리나는 말이 많지 않지만 리나와 같이 있으면 마음이 편하고 즐겁습니다.

리나는 노래를 아주 잘 불러서 우리는 만나면 같이 노래방에 갑니다. 리나는 요리도 잘 하고 운동도 잘 합니다. 저는 리나를 아주 좋아합니다.

여기까지 제가 좋아하는 친구 김리나 소개였습니다. 감사합니다.

2-2 과제 3

<아플 때 보고 싶은 사람>

제가 아플 때 제일 보고 싶은 사람은 제 외할머니입니다. 외할머니께서는 제가 아플 때 항상 따뜻하고 맛있는 음식을 만들어 주셔서 외할머니가 가장 많이 생각납니다.

외할머니는 주부이십니다. 음식도 잘 하시고 옷도 잘 만드십시다. 외할머니는 산책을 좋아하셔서 시간이 있을 때마다 집 근처 공원에 산책을 가십니다. 외할머니를 만난 지 오래돼서 빨리 고향에 가서 외할머니와 즐거운 시간을 보내고 싶습니다.

1과-2과 복습 과제 3

<자기 소개>

저는 중국 베이징에서 온 타오입니다. 한국어 공부를 한 지 3개월 됐습니다. 저는 한국에서 대학교에 입학하려고 한국어를 공부합니다. 한국어를 공부할 때 제일 힘든 것은 발음입니다. 한국어 발음하고 중국어 발음이 달라서 힘들 때가 있습니다.

한국 생활이 재미있지만 한국에서 혼자 사는 것은 조금 힘듭니다. 힘들 때 생각나는 사람은 고향에 계신 할머니입니다. 할머니를 생각하면 마음이 따뜻해집니다.

저는 한국어를 배운 후에 한국의 대학교에서 신문 방송학을 전공하려고 합니다. 졸업한 후에는 대학원에 가서 공부를 더 하고 싶습니다.

3 고향

3-1 과제 3

<나의 고향 강릉>

제 고향은 한국의 강릉입니다. 여러분은 제 고향에 가 보셨습니까?

제 고향은 강원도에 있습니다. 제 고향의 동쪽에는 바다가 있고 서쪽에는 산이 있습니다.

제 고향은 유명한 관광지입니다. 경치가 아름다운 해수욕장이 있습니다. 해산물도 많습니다. 구경거리도 많습니다. 여름에는 제 고향 강릉의 해수욕장에 관광객들이 많이 옵니다.

여러분도 제 고향에 꼭 한번 오세요.

제 고향 이야기를 들어 주셔서 고맙습니다.

3-2 과제 3

<내 고향 소개>

저는 중국 베이징에서 왔습니다. 제 고향 베이징은 중국 북동부에 있습니다. 제 고향은 중국의 수도이고 사람이 많고 복잡합니다.

서울 날씨는 제 고향 날씨와 조금 다릅니다. 서울은 겨울에 눈이 많이 오는데 베이징은 눈이 많이 오지 않습니다.

우리 고향에서는 베이징덕이 유명합니다. 베이징에 오면 꼭 드세요. 그리고 우리 고향에서 꼭 구경할 곳은 만리장성입니다. 그곳은 경치가 아름답고 유명하기 때문에 구경하는 사람이 많습니다.

4 집

4-1 과제 3

<내가 살고 싶은 집>

저는 바닷가에 있는 아파트에서 살고 싶습니다. 그리고 그 집이 부산에 있었으면 좋겠습니다. 제가 바다를 좋아하기 때문입니다.

집은 크고 넓었으면 좋겠습니다. 그리고 방이 많았으면 좋겠습니다. 방이 많이 있으면 친구나 가족이 한국에 왔을 때 우리 집에서 같이 지낼 수 있습니다. 그리고 거실이 넓었으면 좋겠습니다. 거실에서 바다를 볼 수 있으면 좋을 것 같습니다. 요리를 자주 하지 않아서 작은 부엌도 괜찮습니다. 집 안에 침대, 에어컨, 책상, 냉장고, 텔레비전, 오븐이 있었으면 좋겠습니다.

집 근처에는 백화점이 있었으면 좋겠습니다. 저는 쇼핑을 좋아하기 때문에 백화점이 집 근처에 있으면 좋을 것 같습니다.

4-2 과제 3

<룸메이트를 찾습니다>

같이 살 룸메이트를 찾습니다.

제가 살고 있는 집은 아주 좋습니다.

우리 집은 아파트이고 연희동에 있습니다. 7층이고 엘리베이터가 있습니다. 월세는 한 달에 40만 원입니다. 교통은 아파트에서 버스 정류장이 가깝고 버스도 많아서 편리합니다. 집에는 방 두 개와 욕실, 거실, 부엌이 있고 TV와 에어컨과 세탁기도 있습니다.

같이 살면 식사 준비는 따로 하고 청소는 주말에 같이 했으면 좋겠습니다.
집을 보고 싶으면 이메일이나 전화로 연락해 주세요.

3과-4과 복습 과제 3

<우리 집>

저는 신촌역 근처에 있는 원룸에서 살고 있습니다. 저는 이 원룸을 인터넷으로 찾았습니다. 이 집에서 산 지 4개월 됐습니다. 우리 집은 깨끗하고 월세도 비싸지 않아서 아주 좋습니다. 하지만 집이 좀 어두워서 가끔 낮에도 불을 켜야 합니다.

집에는 부엌과 욕실, 작은 베란다가 있고 세탁기와 에어컨도 있습니다. 집 근처에는 식당과 커피숍, 여러 가지 가게들이 많아서 생활하기가 편리합니다.

5 음식

5-1 과제 3

<내가 가장 좋아하는 음식>

제가 가장 좋아하는 한국 음식은 비빔밥입니다. 제가 그 음식을 좋아하는 이유는 건강에 좋기 때문입니다. 저는 2년 전에 한국에 여행을 왔을 때 비빔밥을 처음 먹어 봤습니다.

비빔밥은 여러 가지 채소와 고기로 만든 음식인데 조금 맵지만 맛있습니다. 그 음식을 먹을 때는 고추장을 넣고 비벼서 먹습니다. 비빔밥은 조금 맵지만 맛있습니다.

저는 비빔밥을 아주 좋아해서 일주일에 세 번쯤 먹습니다. 고향에 돌아가서도 비빔밥을 먹을 수 있었으면 좋겠습니다. 그래서 고향에 돌아가기 전에 비빔밥 만드는 법을 꼭 배우겠습니다.

5-2 과제 3

<나의 수제비 요리법>

여러분은 수제비를 아십니까? 수제비를 먹어 본 적이 있습니까?

이 음식은 제가 자주 만들어 먹는 음식인데 만들기 쉽고 국물이 따뜻해서 좋습니다.

이 음식의 재료로는 밀가루가 있어야 합니다. 그리고 감자, 호박, 양파, 멸치, 소금도 준비해야 합니다.

이제 요리법을 소개하겠습니다. 먼저 밀가루 한 컵하고 물 네 숟가락으로 반죽을 만들어서 냉장고에 넣습니다. 그다음에 물 세 컵에다가 멸치와 소금을 넣고 끓입니다. 국물이 끓으면 감자, 호박, 양파를 먹기 좋게 썰어 넣습니다. 그리고 밀가루 반죽을 얇게 뜯어 넣고 더 끓입니다. 더 맛있게 만들고 싶으면 국물에다가 다진 마늘을 조금 넣어서 끓이십시오.

맛이 맵지 않아서 아이들도 잘 먹습니다. 만들기가 생각보다 어렵지 않으니까 여러분도 한번 만들어 보세요.

끝까지 들어 주셔서 고맙습니다.

6 시장

6-1 과제 3

<내가 자주 가는 마트>

우리 집 근처에 마트가 있습니다. 거기에서는 여러 가지 물건을 많이 팝니다. 과일, 과자, 생활용품, 채소, 고기를 팝니다. 우유, 주스, 커피도 팝니다. 여러 나라 맥주도 팝니다. 마트는 오전 10시에 문을 열고 밤 12시에 문을 닫습니다. 한 달에 두 번 일요일에 쉽니다.

저는 거기에서 채소와 고기, 과자, 생수, 주스를 삽니다. 무거운 물건을 많이 사면 배달을 해 줍니다. 그 마트는 물건이 많고 넓어서 좋습니다. 그리고 마트 안에는 식당도 있습니다. 가끔 거기에서 밥을 먹습니다. 마트 근처에 옷 가게도 있어서 가끔 구경을 합니다.

불편한 점도 있습니다. 주말에 가면 사람이 많아서 좀 불편합니다. 계산할 때 오래 기다려야 합니다. 그래서 저는 주말에 가지 않고 수요일에 갑니다.

6-2 과제 3

<내가 쇼핑하러 가는 곳>

여러분에게 쇼핑하기 좋은 곳을 알려 드리겠습니다. 저는 쇼핑을 하러 고속 터미널 지하상가에 갑니다. 고속 터미널 지하상가는 고속터미널역에 있습니다. 지하철 3호선이나 7호선이나 9호선을 타고 고속터미널역에서 내리면 갈 수 있습니다.

제가 그곳을 좋아하는 이유는 여러 가지가 있습니다. 첫째, 물건의 종류가 정말 많아서 여러 가지 물건을 구경할 수 있기 때문입니다. 둘째, 가격이 별로 비싸지 않기 때문입니다. 셋째, 근처에 맛있는 식당이 많기 때문입니다.

여러분들도 시간이 있으면 한번 가 보십시오.

제 발표는 여기까지입니다. 들어 주셔서 감사합니다.

5과-6과 복습 과제 3

<내가 가 본 시장과 거기에서 먹은 음식>

저는 한국에서 남대문 시장에 가 봤습니다. 남대문 시장은 서울의 유명한 시장인데 우리 집에서 가깝습니다. 그래서 지난달에 친구와 같이 남대문 시장에 갔습니다. 남대문 시장은 크고 넓었지만 사람이 많아서 조금 복잡했습니다. 저는 거기에서 양말을 샀습니다. 양말 다섯 켤레에 만 원이었습니다. 싸고 예쁜 양말을 사서 기분이 좋았습니다.

그리고 남대문 시장에는 어묵, 호떡, 갈치조림 등 많은 음식이 있었습니다. 저는 호떡을 사 먹었습니다. 호떡은 밀가루와 설탕, 땅콩 등을 넣고 만든 음식인데 달고 아주 맛있습니다. 겨울에 먹으면 더 좋을 것 같습니다. 남대문 시장에는 화장품 가게도 있고 옷 가게도 있습니다. 예쁜 액세서리도 많아서 선물로 사서 친구에게 주면 좋을 것 같습니다.

7 쇼핑

7-1 과제 3

<내가 사고 싶은 세 가지 물건>

제가 사고 싶은 물건 세 가지를 이야기하겠습니다.

가장 사고 싶은 것은 노트북 컴퓨터입니다. 왜냐하면 고향에서 가지고 온 컴퓨터가 있지만 가지고 다니기 불편하기 때문입니다. 그래서 도서관이나 커피숍에서도 쓸 수 있는 노트북 컴퓨터를 사고 싶습니다.

두 번째로 사고 싶은 것은 여행 가방입니다. 이번 방학에 친구들과 여행을 가려고 하는데 여행 가방이 없기 때문입니다. 크지만 가벼운 가방을 사고 싶습니다.

세 번째로 사고 싶은 것은 운동화입니다. 운동을 하고 싶기 때문입니다. 파란색 운동화를 사서 신고 공원에서 산책도 하고 등산도 하고 싶습니다. 저는 돈을 모아서 꼭 그 물건들을 사겠습니다.

제 발표는 여기까지입니다. 들어 주셔서 감사합니다.

7-2 과제 3

<한국에서 산 물건>

이것은 제가 한국에서 산 가방이에요. 2주 전에 친구하고 가로수길에 가서 샀어요. 가로수길에는 멋있는 옷과 신발, 가방을 파는 가게가 얼마나 많은지 몰라요.

이것은 사이즈가 커서 참 마음에 들어요. 요즘 공부할 것이 많은데 책을 많이 넣을 수 있어서 좋아요. 그리고 주머니가 많은 점도 아주 마음에 들어요. 주머니가 많기 때문에 지갑, 핸드폰, 거울, 열쇠 등 여러 가지 물건을 넣어도 쉽게 찾을 수 있어서 얼마나 편한지 몰라요. 그렇지만 색은 좀 마음에 들지 않아요. 밝은 회색인데 쉽게 더러워질 것 같아서 걱정이 되네요. 색이 더 어두웠으면 좋겠어요.

다음에도 마음에 드는 물건을 사면 여기에 소개하겠습니다.

8 초대

8-1 과제 3

<유학생 모임 '함께'에 초대합니다>

요즘 한국 생활이 재미있습니까? 한국 생활을 즐겁게 해 줄 모임이 있습니다!

한국에 살고 있는 외국인, 친구를 만나고 싶은 외국인을 초대합니다. 모임에 오시면 한국 생활에 대해서 같이 이야기하고 맛있는 음식을 같이 먹을 수 있습니다. 날짜는 11월 20일 금요일이고 시간은 저녁 6시입니다. 모임 장소는 수라 식당입니다. 회비는 20000원입니다. 준비할 것은 없습니다.

한국 생활을 더 재미있게 하고 싶은 분들은 모두 오셨으면 좋겠습니다. 더 알고 싶은 것이 있으면 연락해 주세요.

연락처: 010-1234-5678

8-2 과제 3

<문자 메시지>

- 목욕용품이나 세제는 어때? 결혼한 친구이니까 좋은 선물이 될 것 같아. 나도 옛날에 세제를 선물 받은 적이 있는데 이사를 하고 청소를 할 때 아주 잘 사용했어.
- 쿠키는 선물하지 마. 다른 사람들도 많이 선물할 거야.

7과-8과 복습 과제 3

<바자회에 초대하는 글>

12월 23일 토요일 오후 3시. 유학생 바자회를 합니다. 바자회 장소는 학생회관 앞입니다. 오고 싶은 분들은 모두 오십시오. 사용하지 않는 물건이나 입지 않는 옷, 읽지 않는 책이 있으면 가지고 와서 필요한 사람들에게 팔 수 있습니다. 물건을 판 돈은 좋은 일에 쓰려고 합니다. 많이 와 주시면 감사하겠습니다.

9 약속

9-1 과제 3

<나의 일기>

12월 16일 토요일 맑음

언어 교환 친구 준호를 만났다. 우리는 오전 11시에 광화문에서 만났다. 준호가 시험 준비 때문에 너무 바빠서 2주 동안 만나지 못했다. 오랜만에 준호의 얼굴을 봐서 더 반가웠다. 우리는 커피숍에서 두 시간쯤 언어 교환을 했다. 그리고 근처에 있는 한식집에 가서 점심을 먹었다. 좀 추웠지만 날씨가 맑아서 청계천을 구경했다. 놀러 나온 가족과 커플들이 많았다. 우리는 구경을 한 후에 영화를 보러 갔다. 코미디 영화를 봤는데 무척 재미있었다. 한국어를 더 공부해서 한국 영화도 많이 보고 싶다. 영화를 본 후 지하철을 타고 집으로 돌아왔다. 피곤하지만 즐거운 하루였다. 다음 주 약속도 기대가 된다.

9-2 과제 3

<학교 후배 정하늘에게 보내는 문자 메시지>

- 하늘아, 네가 전화를 안 받아서 문자 메시지를 보낸다.
- 우리 약속 말이야. 약속을 못 지킬 것 같다.
- 갑자기 회사에서 출장을 가게 됐어. 약속을 취소해서 미안하다.
- 연락 기다릴게.

<동아리 후배 리타오에게 보내는 문자 메시지>

- 타오야, 바쁘니? 전화 안 받는구나.
- 우리 약속 있지? 약속 시간을 바꿔야 할 것 같다.
- 내가 저녁에 어디에 좀 가게 돼서 30분쯤 늦을 것 같다.
- 그래서 약속을 좀 미뤘으면 좋겠다. 7시 반에 만났으면 좋겠는데 넌 어때? 괜찮니?
- 이 메시지를 보면 바로 연락해라.

10 부탁

10-1 과제 3

<나 히로에야>

지선아,

안녕? 이번 주에도 일이 많니? 전화했는데 받지 않아서 이메일을 보낸다.

내가 고향 집에 일이 좀 있어서 갑자기 고향에 가게 됐어. 일주일쯤 갔다가 올 거야. 그래서 부탁 좀 하려고 하는데 도와줄래? 내가 인터넷으로 산 물건이 있는데 아마 내일쯤 집에 올 거야. 우리 집에 가면 집 앞에 상자가 있을 거야. 그 상자를 좀 찾아서 집 안에 넣어 줬으면 좋겠어.

그리고 부탁할 게 하나 더 있어. 우리 집에 꽃과 작은 나무가 있어. 일주일 동안 물을 주지 않으면 다 죽을 것 같아. 우리 집에 가서 꽃과 나무에 물을 한 번 줄래? 너도 바쁠 것 같은데 이런 부탁을 해서 정말 미안하다. 고향에 갔다가 오면 내가 밥도 사고 커피도 살게.

그럼 잘 지내고 있어. 내가 다시 연락할게. 안녕.

히로에 씀

10-2 과제 3

<나의 일기>

11월 2일 금요일 맑음

지난 학기 한국어 선생님께 인사를 드리러 갔다. 대학원 입학 시험 준비 때문에 쓴 자기 소개서를 한번 읽어 봐 주시기를 부탁 드리고 싶었다.

나는 선생님께 내가 공부하고 싶은 전공 내용과 그동안 준비한 것도 말씀 드렸다. 오랜만에 만난 선생님께 한국말로 부탁을 드리기가 정말 어려웠다. 윗사람에게 부탁할 때 사용하는 한국말 표현도 잘 모르고 내가 실수를 할 것 같아서 걱정됐다. 그래도 선생님께서 웃으시면서 부탁을 들어주셔서 정말 기뻤다. 입학시험 준비를 더 열심히 해야겠다.

9과-10과 복습 과제 3

<나의 일기>

10월 5일 수요일 흐림

오늘 제임스에게 전화를 걸었다. 주말 약속을 지킬 수 없기 때문이었다. 제임스와 나는 이번 주 일요일에 등산을 할 계획이었다. 그런데 어제부터 다리가 너무 아파서 등산을 못할 것 같았다. 이번 주에는 병원에도 날마다 다녀야 할 것 같다. 그래서 제임스에게 전화를 해서 약속 날짜를 다음 주 일요일로 바꿨다. 약속 날짜를 바꾸면 제임스가 싫어할 것 같아서 걱정을 많이 했는데 제임스는 내 아픈 다리를 걱정했다. 착한 제임스. 빨리 다리가 좋아져서 제임스와 등산을 하고 싶다.

11 교통

11-1 과제 3

<우리 집에 오는 방법>

우리 집은 대현동에 있어. 서울역에서 내려서 지하철 4호선을 타고 오다가 동대문역사문화공원역에서 2호선으로 갈아타. 그리고 이대역에서 내려. 이대역에서 내려서 6번 출구로 나와. 거기에서 신촌 쪽으로 100m쯤 걸어오면 왼쪽에 우리 집이 있어. 찾기 힘들면 연락해.

11-2 과제 3

<차로 기숙사 앞까지 오는 방법>

안녕? 나 타오야.

내일 내가 이사하는데 차를 가지고 기숙사 앞으로 와 줄 거지? 고맙다.

경복궁 쪽에서 올 때 안 막히는 길로 오려면 터널로 해서 와야 해. 오는 길을 가르쳐 줄게.

먼저 터널을 지나서 우회전하면 학교 동문이 있어. 그다음에 학교 동문으로 들어와서 200m쯤 직진하면 사거리가 있어. 그리고 좌회전해서 10m쯤 오다가 삼거리에서 좌회전하면 기숙사가 있어. 내가 그 앞에서 기다리고 있을게.

잘 찾아올 수 있겠지?

내일 보자. 안녕.

타오가

12 학교생활

12-1 과제 3

<학교생활>

다니엘,

잘 지내고 있지? 나도 잘 지내고 있어. 요즘 학교생활이 많이 익숙해졌어. 지난번에 학교생활에 대해서 물어봤지? 이메일 보내는 걸 잊어버려서 대답이 늦었어. 미안해.

지금 나는 어학당에서 한국어 수업을 듣고 있어. 수업은 월요일부터 금요일까지 있어. 9시에 수업을 시작해서 1시에 끝나. 시험은 두 번 보면 되고 발표는 한 번 하면 돼. 시험을 잘 보려면 열심히 복습해야 해. 날마다 숙제가 있는데 숙제를 열심히 해야 시험을 잘 볼 수 있어. 단어도 열심히 외워야 해. 힘들지만 친구들이 있어서 학교생활이 재미있어. 더 알고 싶은 게 있으면 연락해. 잘 지내. 안녕!

에릭 씀

12-2 과제 3

<수영 수업 신청 방법을 알고 싶습니다.>

안녕하세요? 저는 한국어학당에서 한국어를 배우고 있는 리타오입니다. 수영 수업 신청 방법을 알고 싶습니다.

다음 학기 수영 수업에 등록을 하고 싶은데요. 수업료는 얼마이고 수업 시간은 어떻게 되는지 알고 싶습니다. 그리고 수영 수업이 없을 때도 수영장을 이용할 수 있나요?

그럼 답장 기다리겠습니다. 감사합니다.

안녕히 계세요.

리타오 드림

11과-12과 복습 과제 3

<한국의 학교생활>

한국에서는 3월에 초등학교, 중학교, 고등학교, 대학교 모두 1학기를 시작한다. 한 학년의 1학기는 3월에 시작하고 2학기는 8월이나 9월에 시작한다.

방학은 여름과 겨울에 있다. 초등학교, 중학교, 고등학교의 여름 방학은 7월이 끝날 때쯤에 시작해서 한 달 정도다. 그리고 한 해가 끝나는 12월에 2학기가 끝나고 겨울 방학을 시작한다. 그리고 다음 해 3월에 학기를 새로 시작한다.

수업 시간은 보통 9시에 1교시를 시작하고 오후 3시쯤에 수업이 끝난다. 수업이 끝나면 학원에 가서 공부를 더 하는 학생도 있고 취미 생활을 하는 학생도 있다.

13 공공 기관

13-1 과제 3

<은행에 간 일>

나는 한국에 유학을 온지 얼마 안 돼서 은행에 간 적이 있다. 통장을 만들고 싶어서 학교 근처에 있는 은행에 갔다.

은행은 크지 않지만 깨끗하고 직원들도 친절했다. 은행에 처음 가서 어떻게 해야 할지 몰랐는데 한 직원이 나에게 무엇을 하러 왔는지 묻고 번호표를 뽑아 주었다. 어학당 근처에 있어서 외국 학생들이 많은 것 같았다.

나는 순서를 기다리는 동안 사람들을 구경했다. 통장을 만들러 온 사람, 돈을 보내거나 찾으러 온 사람, 환전하러 온 사람, 공과금을 내러 온 사람들이 있었다. 내 순서가 되었을 때 직원에게 가서 통장을 만들었다. 통장을 만들 때 직원이 인터넷 뱅킹과 모바일 뱅킹을 설명해 주어서 통장과 같이 신청했다.

우리 고향에서는 인터넷 뱅킹이나 모바일 뱅킹을 별로 이용하지 않는데 한국 사람들은 우리 고향보다 많이 이용하는 것 같다. 나도 앞으로는 은행에 직접 가지 않고 편리한 인터넷 뱅킹을 이용해야겠다.

13-2 과제 3

<인터넷 우체국 택배 서비스 이용 방법>

먼저 인터넷 우체국 홈페이지에 들어간다. 그리고 '우체국 택배'를 누른 후에 '택배 방문 예약'을 누른다. 회원이 아니면 '비회원 신청하기'를 눌러서 이용할 수 있다. 그다음에 '신청하는 사람', '받는 사람', '보내는 물건'을 모두 쓴 후에 '신청하기'를 누르면 된다.

인터넷 우체국 택배의 좋은 점은 무거운 물건을 가지고 직접 우체국에 가지 않아도 되는 편리함이다. 우체국 택배 기사가 물건을 가지러 집으로 와 준다. 그리고 가격도 비싸지 않기 때문에 좋다. 그렇지만 상자 무게가 30kg보다 무겁지 않아야 한다.

14 전화

14-1 과제 3

<휴대 전화와 나의 생활>

요즘 많은 사람들이 휴대 전화를 사용한다. 우리 반 친구들도 많이 사용한다. 친구들은 보통 하루에 3시간쯤 사용한다고 한다. 나는 하루에 4시간쯤 사용한다. 나는 보통 휴대 전화로 메시지를 보내고 인터넷을 한다. 뉴스도 보고 영화도 본다. 친구들은 휴대 전화로 음악을 듣고 동영상을 많이 본다고 한다.

내가 자주 사용하는 휴대 전화 앱은 쇼핑 앱이다. 쇼핑 앱으로 물건을 사면 싸게 살 수 있고 아주 빨리 물건을 받을 수 있다. 그 물건을 사용해 본 사람들이 쓴 글을 읽으면 그 물건이 어떤지 알 수 있어서 좋다.

지금 쓰는 휴대 전화는 가벼워서 좋지만 영화를 볼 때 작아서 불편하다. 다음에는 더 큰 휴대 전화를 사고 싶다.

14-2 과제 3

<송별회 안내>

영수야. 12월 22일 금요일 오후 4시에 다니엘 송별회를 할 거야. 반 친구들이 고기를 먹으러 가자고 했어. 그래서 학교 앞에 있는 연세 갈비집에 갈 거야. 그리고 다니엘은 친구들과 노래방에 가고 싶다고 했어. 그러니까 너도 노래를 준비해 가지고 와. 그리고 리에가 우리 모두 다니엘에게 편지를 써서 주자고 했어. 너도 편지를 써 가지고 와. 그럼 그 날 보자.

13과-14과 복습 과제 3

<휴대 전화로 하는 이야기>

저는 휴대 전화로 메시지를 많이 보냅니다. 이야기하고 싶을 때 바로 이야기할 수 있어서 좋기 때문입니다. 저는 메시지를 보내서 제 한국 생활에 대해서 이야기를 합니다. 친구들은 한국 생활이 힘들지 않냐고 합니다. 저는 재미있다고 이야기합니다. 부모님은 날씨가 어떠냐고 하십니다. 그리고 밥을 잘 먹으라고 하십니다. 저는 공부가 조금 힘들지만 친구들과 맛있는 음식을 먹고 잘 지낸다고 이야기합니다.

15 예약과 주문

15-1 과제 3

<내가 예약한 호텔>

나는 호텔을 예약한 적이 있다. 지난 방학 때 고향에 있는 가족들이 한국에 여행을 왔는데 아버지께서 호텔을 예약해 달라고 하셔서 예약했다.

내가 예약한 호텔은 연세 호텔인데 공항에서 가깝고 교통도 편리하기 때문에 그곳을 예약했다. 예약은 인터넷으로 했다. 요즘은 호텔을 예약하는 사이트가 많은데 편리하고 요금도 싸기 때문에 사람들이 많이 이용한다. 나는 인터넷으로 처음 예약해 봤는데 예약하기가 어렵지 않았다. 한국에 온 가족들이 내가 예약한 호텔을 마음에 들어 해서 기분이 좋았다.

15-2 과제 3

<한국의 음식 배달 앱>

음식 배달 앱에 대해서 발표하겠습니다. 여러 가지 음식 배달 앱이 있었는데 그중에서 제가 발표할 음식 배달 앱은 '배달 82'입니다.

이 앱에서 배달 시킬 수 있는 음식 종류에는 한식, 중국 음식, 일식, 치킨, 피자, 디저트, 분식, 야식 등이 있습니다. 결제 방법은 현금도 되고 카드나 휴대 전화로도 할 수 있어서 편합니다.

이 앱은 좋은 점이 많습니다. 먼저 한국말을 잘 못하는 외국 사람이 여러 가지 메뉴를 사진으로 보고 주문할 수 있어서 편리합니다. 그리고 근처의 맛집을 찾을 때나 배달을 받을 주소를 쓸 때도 이 앱이 지도에서 내 위치를 찾아 주기 때문에 아주 쉽습니다.

이것으로 발표를 마치겠습니다. 끝까지 들어 주셔서 고맙습니다.

16 건강

16-1 과제 3

<주앙 씨, 연락 고마워요>

주앙 씨,

연락해 줘서 고마워요. 몸이 안 좋아서 학교에 못 갔어요. 일 때문에 쉬지 못해서 몸살감기에 걸렸어요. 열이 많이 나는 데다가 몸도 여기저기 아파서 집에 있었어요. 열이 많이 나서 힘들었어요. 그래서 병원에 갔다가 왔는데 의사 선생님이 열이 많이 나니까 약을 먹고 푹 쉬라고 했어요.

아마 다음 주에는 다 나아서 학교에 갈 수 있을 것 같아요. 반 모임에 갈게요. 지난번에는 바빠서 못 갔지만 이번에는 반모임에 꼭 가서 친구들과 이야기를 많이 하고 싶어요. 그럼 학교에서 만나요.

유키 씀

16-2 과제 3

<동생을 위해 준비한 약에 대한 설명>

① 이 약은 두통약인데 머리가 아플 때 먹는다. 한 번 먹을 때 두 알 먹으면 된다. 그리고 속이 아플 수 있으니까 식사한 후에 먹지 않으면 안 된다.
② 이 약은 모기약인데 모기에 물렸을 때 바른다. 가려울 때마다 바르면 된다. 그리고 바르기 전에 모기에 물린 곳을 깨끗하게 씻고 바르는 게 좋다.
③ 이 약은 멀미약인데 차나 배를 타기 전에 먹는다. 출발하기 전에 한 알 먹으면 된다. 그리고 멀미가 시작된 후에 먹으면 효과가 없으니까 출발하기 전에 먹지 않으면 안 된다.
④ 이 약은 파스인데 허리나 무릎이 아플 때 붙인다. 샤워를 한 후에 새로 붙이면 된다. 그리고 떨어질 수 있으니까 잘 붙여야 한다.

15과-16과 복습 과제 3

<전화나 인터넷으로 예약·주문한 일>

나는 지난달에 동아리 모임 때문에 식당을 예약해야 했다. 식당에 전화를 걸어서 모임 날짜와 시간, 모이는 사람의 수를 이야기했다. 전화를 하기 전에는 걱정을 많이 했는데 생각보다 어렵지 않았다. 인터넷으로 공연 표를 예매한 적도 있는데 내가 보고 싶은 공연의 날짜와 시간을 선택하고 휴대 전화로 계산까지 할 수 있어서 정말 편했다.

나는 음식 배달 앱으로 음식도 자주 주문해서 먹는데 전화로 하는 것보다 더 편해서 좋다. 전화로 주문할 때는 직원의 말을 이해하기가 어려운데 앱으로 주문할 때는 그런 문제가 없기 때문이다. 전화 주문이 익숙하지 않은 외국인은 '배달 82'라는 앱을 사용해 보면 좋을 것 같다.

17 취미

17-1 과제 3

<같이 만나서 영화를 보실 분들을 찾습니다>

안녕하세요? 저는 어렸을 때부터 한국 영화에 관심이 많아서 한국 영화를 즐겨 봤습니다. 저와 취미가 같은 사람들과 영화 감상을 하고 싶어서 학교 홈페이지에 이 글을 씁니다.

일주일에 한 번 매주 금요일 오후에 모여 같이 한국 영화도 보고 이야기도 많이 합시다. 좋아하는 영화도 보고 친구들도 사귈 수 있습니다. 영화 감상만큼 한국어 공부에 도움이 되는 것은 없는 것 같습니다.

영화를 보고 싶어도 같이 볼 사람이 없어서 못 보셨던 분들은 연락해 주세요.

연세 대학교 한국어학당 올리비아 (olivia@yonsei.com)

17-2 과제 3

<나의 취미>

여러분은 책 읽는 것을 좋아하십니까? 저는 아주 좋아합니다.

이 취미가 좋아진 이유는 초등학교 때 친구가 선물해 준 소설책이 정말 재미있었기 때문입니다. 특히 저는 역사에 관심이 많기 때문에 역사 소설책을 읽는 것을 좋아합니다.

제 취미는 좋은 점이 많습니다. 책에서 많은 것을 배우고 많은 사람도 만날 수 있어서 좋습니다. 그리고 버스나 지하철 안에서도 책을 읽을 수 있습니다.

이 취미 활동을 더 재미있게 하는 방법도 있습니다. 책을 읽은 후의 감상을 저의 에스앤에스(SNS)에 쓰는 것입니다. 다른 사람들이 제 글에 쓴 답글을 읽으면 더 재미있습니다.

이것으로 제 취미 이야기를 마치겠습니다. 제 발표를 끝까지 들어 주셔서 고맙습니다.

18 계획

18-1 과제 3

<나의 휴가 계획>

나의 휴가는 8월 1일 월요일부터 7일 일요일까지이다. 나는 이번 휴가 때 부산에 갈 거다. 그 이유는 부산이 아름답다고 하는데 한 번도 못 가 봤기 때문이다. 부산에 가 본 친구들이 부산에는 맛있는 음식이 많다고 했다. 부산에 가면 바다를 구경하고 맛있는 음식을 먹고 싶다.

이번 휴가 때 책도 좀 읽으려고 한다. 나는 책 읽는 것을 좋아하는데 그동안 바빠서 책을 읽을 시간이 없었다. 시간이 있을 때 무슨 책이든지 읽을 계획이다.

그리고 이번 휴가 때 어머니께 드릴 선물을 사서 보낼 계획이다. 선물을 살 시간이 없어서 어머니 생신에 전화만 드렸다. 어머니께 화장품을 사서 보내 드리면 좋아하실 것 같다.

그동안 하고 싶었지만 못 한 일을 할 수 있어서 이번 휴가가 많이 기대가 된다.

18-2 과제 3

<내가 하고 싶은 일>

저는 나중에 통역사가 되고 싶습니다. 통역사가 되려면 준비해야 할 것들이 많습니다. 먼저 외국어 공부를 해야 합니다. 그리고 대학원에서 공부를 해야 하기 때문에 학비도 모아야 합니다. 그래서 저는 몇 가지 계획을 세웠습니다.

첫 번째 계획은 어학당에서 1년 동안 한국어를 공부하는 것입니다. 그리고 두 번째 계획은 대학원 입학시험 준비입니다. 한국어로 자기 소개서를 쓰고 면접시험을 보려면 많은 연습이 필요할 것 같습니다. 그리고 마지막으로 아르바이트를 해서 학비를 모을 것입니다. 공부를 하면서 아르바이트도 하면 많이 힘들겠지만 열심히 노력하겠습니다.

아직 많이 준비하지 못했지만 제 꿈을 생각하면서 더 열심히 노력할 것입니다. 제 이야기를 들어 주셔서 고맙습니다.

17과-18과 복습 과제 3

<나의 계획>

나는 어렸을 때부터 선생님이 되고 싶었다. 고향으로 돌아가면 선생님이 될 것이다. 우리 고향에는 한국어를 배우고 싶어 하는 사람들이 많다. 한국어를 배운 후에 한국에서 일하고 싶어 하는 사람도 있고 한국 대학교에 입학해서 공부하고 싶어 하는 사람들도 있다. 그런데 한국어를 배울 수 있는 곳도 많지 않고 가르칠 수 있는 사람도 많지 않다.

나는 그런 사람들에게 한국어를 가르치는 좋은 선생님이 되었으면 좋겠다. 선생님이 되면 한국어도 가르치고 한국에서 경험한 한국의 문화도 가르치고 싶다. 그날을 기대하면서 앞으로도 한국어 공부를 열심히 해야겠다.

19 여행

19-1 과제 3

<나의 여행기>

나는 작년 겨울에 여수로 여행을 갔다. 친구들과 함께 셋이서 3박 4일 일정으로 갔다. 서울에서 여수까지 케이티엑스를 타고 갔는데 3시간 15분쯤 걸렸다. 우리는 여수 바다가 보이는 호텔에서 숙박했다. 야경이 멋있고 주변에 구경할 것이 많은 호텔이었다. 친구들도 모두 호텔이 마음에 든다고 했다.

우리가 여수로 여행을 간 이유는 여수가 매우 아름답고 겨울에도 날씨가 따뜻한 곳이니까 가 보라고 한국 친구가 말해 주었기 때문이다. 그리고 내가 '여수 밤바다'라는 노래를 좋아해서 여수의 야경을 보고 싶었기 때문이다. 우리는 3박 4일 동안 해상 케이블카도 타 보고 여수 시내와 오동도도 구경했다. 동백꽃이 핀 오동도를 걸으면서 이야기도 많이 하고 사진도 많이 찍었다.

오랜만에 친구들과 아름다운 경치도 보고 즐거운 시간을 보내서 너무 행복했다. 그 여행이 오래오래 기억에 남을 것 같다.

19-2 과제 3

<여행하기 좋은 곳>

여러분은 지리산에 가 본 적이 있습니까? 오늘 제가 여러분에게 꼭 한번 가 보라고 말하고 싶은 곳은 바로 지리산입니다. 지리산은 한국 사람들이 사랑하는 한국의 첫 번째 국립 공원입니다.

지리산은 한국의 가운데에 있습니다. 지리산의 동쪽에는 경상도, 서쪽에는 전라도가 있고 남쪽에는 여수와 해상 국립 공원이 있습니다.

그곳에 가려면 시외버스를 타고 구례 터미널까지 3시간쯤 가야 합니다. 거기에서 70m쯤 걸어가면 지리산 입구가 있고 1시간 정도 등산을 하면 경치가 아름다운 지리산 노고단에 올라갈 수 있습니다.

그곳에는 볼거리도 많습니다. 지리산은 사계절 아름다운 등산로가 많아서 등산객들이 좋아합니다. 올라가기 편한 등산로도 많습니다. 내려오는 길에는 유명한 온천도 있습니다. 특히 노고단에서 아침 해가 뜨는 것을 보는 것은 오래오래 기억에 남을 볼거리입니다.

여러분도 지리산의 아름다움을 볼 수 있었으면 좋겠습니다.
제 발표는 여기까지입니다. 끝까지 들어 주셔서 고맙습니다.

20 날씨와 생활

20-1 과제 3

<오늘과 내일의 날씨>

날씨를 말씀 드리겠습니다. 오늘은 날씨가 맑고 좋습니다. 아침 기온은 10도이고 낮 기온은 25도로 맑고 따뜻하겠습니다. 내일은 조금 흐리고 오후에 비가 오겠습니다. 내일은 오늘보다 조금 기온이 낮겠습니다. 내일 아침 기온은 8도이고 낮 기온은 22도입니다.

오늘은 날씨가 맑고 좋아 바깥에서 활동을 하기가 좋습니다. 빨래를 해도 좋습니다. 내일은 비가 온다고 하니까 실내에 있는 것이 좋겠습니다. 빨래는 내일 하지 마시고 오늘 하십시오.

지금까지 오늘과 내일의 날씨였습니다.

20-2 과제 3

<주말 날씨와 나의 계획>

이번 주말에는 날씨가 좀 흐리고 비가 온다고 한다. 최저 기온은 2도이고 최고 기온은 8도라고 한다. 미세 먼지는 계속 '나쁨'이라고 한다.

처음에는 친구들과 서울 근처로 나들이를 가려고 했는데 비도 오고 미세 먼지도 심해서 계획을 바꾸기로 했다. 밖에서 활동하는 것은 힘들 것 같아서 유명한 사진작가의 전시회에 가려고 표를 예매했다. 전시회를 본 후에 친구들과 전시장 근처 맛집에서 점심을 먹기로 했다. 그리고 저녁에는 우리 집으로 와서 영화를 보면서 놀기로 했다. 주말이 기대가 된다.

19과-20과 복습 과제 3

<서울 관광 상품>

서울을 찾는 외국인들에게 지하철 서울 나들이 상품을 소개합니다. 2박 3일 일정으로 지하철을 이용하여 서울을 구경할 수 있는 상품입니다. 서울의 유명한 장소인 명동, 남산, 인사동, 홍대 앞을 지하철로 구경해 보세요. 더운 여름에는 시원하고 추운 겨울에는 따뜻한 서울의 지하철을 이용해서 원하는 곳 어디든지 구경하세요.

첫째 날에는 지하철 4호선을 타고 명동과 남산을 구경하고 둘째 날에는 3호선을 타고 인사동과 삼청동을 구경해 보세요. 마지막 날에는 2호선을 타고 홍대입구역으로 가서 한국의 문화를 느껴 보세요.

인터넷을 사용할 수 있는 휴대 전화와 카메라만 준비하면 안전하고 즐거운 지하철 여행을 할 수 있을 것입니다. 서울로 오세요.

색인

어휘 색인

ㅅ

Spanish Version

새 연세한국어 말하기와 쓰기 2

별책부록

Conversación y escritura del Nuevo Yonsei Coreano

연세대학교 한국어학당 편

연세대학교 대학출판문화원

Prefacio

El Instituto de Enseñanza del Lenguaje Coreano de la Universidad de Yonsei que se fundó el año 1959, fue la primera institución educativa del idioma coreano como lengua extranjera. El Instituto de Enseñanza del Lenguaje Coreano de la Universidad de Yonsei ha estado liderando la educación de la lengua coreana a la altura de su historia y reputación compilando varios libros de texto e investigaciones coreanos. Hemos enseñado coreano y cultura coreana aproximadamente a 140.000 estudiantes de alrededor de 147 países de todo el mundo. En los últimos años, hemos estado recibiendo una gran respuesta de los estudiantes no solo por las clases presenciales, sino también las clases de MOOC global. En concreto, estamos haciendo continuos esfuerzos para desarrollar nuevos métodos y materiales de enseñanza de acuerdo a un entorno educativo que cambia rápidamente.

El Instituto de Enseñanza del Lenguaje Coreano de la Universidad de Yonsei ha estado desarrollando los mejores libros de texto que corresponden a las necesidades de los estudiantes al abrir varios cursos tales como cursos regulares, cursos intensivos y cursos de lenguaje coreano para estudiantes que tienen un propósito general, así como estudiantes coreanos con fines específicos. Estos libros de texto satisfacen las diversas necesidades de los docentes y los estudiantes de los institutos de enseñanza del lenguaje coreano en Corea y también en el extranjero, y son ampliamente utilizados para una enseñanza y un aprendizaje de buena calidad.

El Instituto de Enseñanza del Lenguaje Coreano de la Universidad de Yonsei ha publicado la serie 'Nuevo Yonsei Coreano' como un nuevo libro de texto después de 'Yonsei Coreano', con niveles del 1 a 6, que ha estado recibiendo la mejor crítica. Para desarrollar este libro de texto, se han involucrado profesionales y profesores de enseñanza del lenguaje coreano con mucha experiencia en el campo de la educación del coreano y el trabajo de desarrollo se ha llevado a cabo durante mucho tiempo teniendo como base el mejor método de enseñanza de coreano y las necesidades del grupo de aprendizaje.

La serie 'Nuevo Yonsei Coreano', publicación presente, consta de 6 niveles en total, que consisten en los apartados de 'Vocabulario y gramática', 'Conversación y escritura' y 'Compresión auditiva y lectura' en cada etapa. El libro 'Vocabulario y gramática del Nuevo Yonsei Coreano' se compone principalmente de la comprensión y la aplicación del vocabulario y la gramática más importante que los estudiantes de coreano deben dominar en cada nivel. El libro 'Conversación y escritura del Nuevo Yonsei Coreano' contiene especialmente tareas de habla y escritura para que puedan realizar las funciones expresivas necesarias para una comunicación fluida en coreano. Además, el libro

‘Comprensión auditiva y lectura del Nuevo Yonsei Coreano’ posee contenido que ayuda a desarrollar las habilidades de comprensión adecuadas a cada nivel, centrándose en las tareas de audición y lectura. Estos tres libros de texto se pueden utilizar juntos como un paquete para desarrollar una habilidad equilibrada en vocabulario, gramática y expresión. También se pueden usar por separado dependiendo de las condiciones del entorno educativo o las necesidades del alumno. Además, en el caso de los libros de texto de ‘vocabulario y gramática’, se proporciona una guía por separado, que puede ser muy útil para los profesores coreanos nativos y extranjeros que tienen poca experiencia docente.

El Instituto de Enseñanza del Lenguaje Coreano de la Universidad de Yonsei seguirá haciendo todo lo posible para cumplir las expectativas y peticiones de los estudiantes de la lengua en el futuro. Esperamos que este libro sea una gran ayuda para muchos docentes que no escatiman en esfuerzos en la enseñanza del lenguaje coreano tanto dentro del país como en el exterior y para todos los estudiantes que intentan aprender coreano.

Centro de Investigación de la Lengua de la Universidad de Yonsei
Comité de compilación de libros de texto del Instituto de Enseñanza del Lenguaje Coreano

Introducción

1. Este es un libro para los estudiantes de coreano del nivel básico, junto con <새 연세 한국어 어휘와 문법2> y <새 연세한국어 듣기와 읽기 2>. Especialmente, está orientado a practicar hablar y escribir utilizando los tipos de oraciones y el vocabulario aprendidos en <새 연세한국어 어휘와 문법 2>.

2. Este libro está compuesto por contenidos que permiten a los estudiantes de coreano, del nivel básico, desarrollar la capacidad de hablar y escribir en este idioma.

3. Este libro tiene 20 unidades y cada unidad está compuesta de 2 lecciones, en total 40 lecciones. Además tiene 10 lecciones de repaso para que puedan repasar cada 2 unidades. Por lo anterior, en total tiene 50 lecciones y cada lección es de una clase de 50 minutos. Cada sección de repaso tiene una presentación sobre la cultura coreana.

4. Cada lección de este libro está compuesta por 'el título, el objetivo de la lección, vamos a preparar, vamos a conversar y vamos a escribir'.

5. El título de cada unidad es igual que en el libro <새 연세한국어 어휘와 문법 2>. El título de cada lección se da a partir de una oración seleccionada, en la ciual se muestra el objetivo de la lección del contenido de esta lección.

6. En el objetivo de la lección se hace énfasis a la función de expresar como 'poder hablar sobre ~, 'poder explicar ~ o poder presentar ~'.

7. 'Vamos a preparar' es la parte introductoria de cada lección. Presenta un dibujo para que los estudiantes entiendan fácilmente, así como dos preguntas para que puedan pronosticar el contenido detallado de cada lección. Una de las preguntas está dirigida al contenido del dibujo, mientras que la otra es sobre la experiencia del estudiante con relación al tema de estudio.

8. 'Vamos a hablar' está compuesto por ejercicios de hablar sobre lo aprendido en <새 연세한국어 어휘와 문법 2> con relación al tema. Se trata de varias conversaciones para que los estudiantes de nivel básico puedan tener una comunicación en una situación

real, así mismo, también presenta expresiones últiles para las conversaciones, con el fin de ayudar a desarrollar y mejorar la capacidad de comunicación. Además, en cada ejercicio presenta <ejemplos> que muestran la estructura del diálogo entero para que los estudiantes entiendan mejor.

9. 'Vamos a escribir' está compuesto por ejercicios que unen los ejercicios de hablar y escribir como 'Escriba y presente, Hable y escriba'. Presentan la estructura de la escritura para que los estudiantes la aprendan según la función o el tipo de escritura. En 'escriba y presente' se observan también las expresiones últiles para realizar una presentación y así hablar de manera formal. Igualmente, presenta unos ejemplos que muestran la estructura de la escritura como una <respuesta ejemplar> para que los estudiantes la tengan como referencia.

10. 'Repaso' está compuesta por 3 ejercicios de hablar y escribir usando integralmente el vocabulario, la gramática y el tema, aprendidos en las 2 lecciones anteriores.

11. 'Cultura' está compuesta por la presentación de la cultura coreana y las expresiones relacionadas escritas en coreano para que los estudiantes puedan practicarlas.

12. Todos los ejercicios están compuestos por ejercicios graduales, para que cada estudiante pueda expresarse apropiadamente según sus capacidades de coreano. 'Vamos a hablar' está compuesta por fases de como organizar una conversación en una situación dada. Luego, esta se extiende a una situación de cada uno, para hacer una conversación, mientras que 'Vamos a escribir' está compuesta para que puedan practicar escribir una escritura lógica y gradual, incluyendo la escritura de forma esquemática.

13. El vocabulario nuevo está en la parte de abajo de la página. Además, la lista de todo el vocabulario nuevo y las secciones que los han usado aparecen en el apéndice, para ayudar al estudio.

Mapa de contenido

Unidad	Lección	Objetivo de la lección	Expresión	Cultura
Unidad 1 Saludos y presentación	<1> Soy feliz por tener tantos amigos.	Poder hablar de la vida de estos días.	-게[1] -어지다	varias expresiones de saludo
	<2> Aprendo coreano para entrar a la universidad en Corea	Poder hablar de la carrera y el plan de estudio.	-은 지 -으려고	
Unidad 2 Amigos y familia	<1> Mi amigo es alto y tiene buen carácter	Poder hablar de la apariencia y el caráter del amigo.	-네요 -겠다[2]	
	<2> Cuando estoy enfermo, quiero ver a mi abuela por encima de todo	Poder presentar la familia y los parientes.	-을 때 의	
Unidad 3 Ciudad natal	<1> ¿Ha estado en la isla de Jeju?	Poder explicar la ubicación de la ciudad natal.	만에 -어 보다[1]	Productos regionales especiales de Corea
	<2> El aire del parque es bueno porque hay muchos árboles.	Poder explicar las características de la ciudad natal.	-기 때문에 -는데[2]	
Unidad 4 Casa	<1> Me gustaría que la habitación sea más grande.	Poder explicar las ventajas y desventajas de la casa en la que vive.	-었으면 좋겠다 -어야겠다	
	<2> ¿El transporte es conveniente?	Poder explicar la estructura de la casa y el ambiente a su alrededor.	-는 중이다 -나요?	

Unidad	Lección	Objetivo de la lección	Expresión	Cultura
Unidad 5 Comida	<1> Meto el arroz en la sopa y lo como con el kimchi.	Poder presentar las comidas y hablar sobre la manera de comer.	-어 보다[2] -는데[3]	Arreglos de mesa en la cultura gastronómica coreana
	<2> ¿Ha preparado comida coreana?	Poder explicar sobre los ingredientes alimenticios y la receta.	-은 적이 있다 에다가	
Unidad 6 Mercado	<1> Es probable que se venda en el supermercado.	Poder explicar sobre varios lugares en donde se puede comprar productos.	-을까요?[3] -을 거예요[2]	
	<2> Quiero comprar las botas para montaña, ¿dónde será bueno?	Poder recomendar lugares para realizar las compras	-는데[4] -어하다	
Unidad 7 Compras	<1> ¿Me lo puedo probar?	Poder explicar sobre los productos que quiere comprar	-어도 되다 -으면 안 되다	Tallas de ropa y calzado de Corea
	<2> No se imagina cuánto me gusta.	Poder explicar las ventajas y desventajas del producto que compró.	ㅎ동사 얼마나 –는지 모르다	
Unidad 8 Invitación	<1> Pienso hacer una fiesta de despedida con mis amigos.	Poder explicar una reunión e invitar.	-어 -을까 하다	
	<2> Voy a preparar una tarta y la llevo.	Poder recomendar regalos adecuados en diferentes situaciones.	-어 가지고 -지 마	

Unidad	Lección	Objetivo de la lección	Expresión	Cultura
Unidad 9 Cita	<1> ¿Qué te parece encontrarnos en el parque Haneul a las 11?	Poder definir la hora y el lugar de una cita.	-는다, -니? -을게요	Etiqueta para pedir un favor
	<2> Me surgió algo inesperado y no podré cumplir con la cita.	Poder cancelar o cambiar la cita.	-어라, -자 -게 되다	
Unidad 10 Favor	<1> Perdóname, pero ¿podrías ayudarme con la tarea?	Poder pedir un favor personal a una persona cercana.	-을래요? -었다가[1]	
	<2> Disculpe, ¿podría tomarme una foto?	Poder pedir un favor en diferentes situaciones adecuadamente.	-습니다만 -는지 알다	
Unidad 11 Transporte	<1> Vaya en la línea 2 y haga trasbordo a la línea 6.	Poder explicar cómo llegar a un destino en transporte público.	-다가 으로[3]	manera de usar la tarjeta de transporte
	<2> Lléveme por Gyeongbokgung, por favor.	Poder explicar cómo ir a un destino en automóvil.	-으려면[1] 으로 해서	
Unidad 12 Vida universitaria	<1> Tienes que tomar clases con juicio para que puedas salir bien en los exámenes.	Poder explicar la vida universitaria.	-어야 -으면 되다	
	<2> He venido a hacer una pregunta.	Poder hacer preguntas sobre la vida universitaria.	-는데요 -거나	

Unidad	Lección	Objetivo de la lección	Expresión	Cultura
Unidad 13 Institución pública	<1> Mientras se está abriendo la cuenta, espere un momento por favor.	Poder preguntar cómo usar el banco.	부터 -는 동안	Lenguaje chat
	<2> ¿Dos meses?	Poder preguntar cómo usar la oficina de correos.	-을 건가요? 이나[2]	
Unidad 14 Teléfono	<1> Dicen que el número de personas que ve películas con el celular ha aumentado.	Poder explicar las funciones del celular.	-는다고 하다 -냐고 하다	
	<2> Dile que me llame cuando termine la clase.	Poder transmitir un mensaje a otra persona.	-자고 하다 -으라고 하다	
Unidad 15 Reservación y pedido	<1> Hay muchos clientes que han hecho la reservación porque es fin de semana.	Poder reservar un lugar.	-어 달라고(주라고) 하다 이라서	servicio de comida a domicilio de Corea
	<2> Quiero pedir solo una comida empacada a domicilio, por favor.	Poder pedir a domicilio.	만 -었던	
Unidad 16 Salud	<1> Además de tener mocos, tengo fiebre.	Poder explicar los síntomas cuando está enfermo.	-는 데다가 ㅅ동사	
	<2> Al menos toma vitaminas.	Poder explicar sobre el medicamento adecuado para los síntomas y la manera de tomarlo.	이라도 -지 않으면 안 되다	

Unidad	Lección	Objetivo de la lección	Expresión	Cultura
Unidad 17 Hobby	<1> No hay nada más divertido que el baloncesto.	Poder presentar el hobby y hablar de las ventajas del mismo.	만큼 -어도	propósitos de Año Nuevo de los coreanos
	<2> ¿Sabe montar en bicicleta?	Poder explicar las actividades de hobby.	-을 줄 알다(모르다) -던	
Unidad 18 Plan	<1> Veo que muchas personas trabajan medio tiempo durante las vacaciones.	Poder contar el plan de vacaciones.	-던데요 이든지	
	<2> Iba a hacer ejercicio todos los días, pero lo hice solo un día.	Poder contar el plan sobre las cosas que quiere hacer.	밖에 -을 줄 알았다	
Unidad 19 Viaje	<1> Después de buscar por internet, escogí el mejor lugar.	Poder hablar de las experiencias de viaje.	이나[3] -은 뒤에	viaje a Seúl
	<2> Si va a ir de viaje con su familia, ¿qué le parece ir a la montaña Seoraksan?	Poder recomendar los destinos de viaje.	-기로 하다 -자마자	
Unidad 20 Tiempo y vida diaria	<1> Dice que va a llover, así que es mejor hacer otra cosa.	Poder proponer las actividades adecuadas según el tiempo.	-는다고 하니까 -지 말고	
	<2> Sería difícil de conducir, así que ¿vamos en autobús?	Poder planear actividades adecuadas según el tiempo.	접속사 -을 테니까	

Contenidos

Unidad 1 Saludo y presentación

<1> Soy feliz por tener tantos amigos.

Objetivo de la lección: Poder hablar de la vida de estos días.

Vocabulario

익숙하다 acostumbrarse 힘들다 ser difícil
즐겁다 ser feliz 지내다 vivir
오랜만이다 hace tiempo no nos vemos
보내다 pasar 사귀다 hacer amigos

<2> Aprendo coreano para entrar a la universidad en Corea

Objetivo de la lección: Poder hablar de la carrera y el plan de estudio.

Vocabulario

한국어 교육학 la Pedagogía en coreano
신문 방송학 el periodismo y comunicación
경영학 la administración de empresas
천문 우주학 la astronomía y ciencia espacial
컴퓨터 공학 la ingeniería informática
경제학 la economía 의학 la medicina
방송국 la emisora
대학원 la escuela de posgrado
전공하다 estudiar como carrera
졸업하다 graduarse 앞으로 desde ahora
이유 la razón 목적 el objetivo

Unidad 2 Amigos y familia

<1> Mi amigo es alto y tiene buen carácter

Objetivo de la lección: Poder hablar de la apariencia y el caráter del amigo.

Vocabulario

날씬하다 ser delgado/a 잘생기다 ser guapo/a
어깨 el hombro 성격 el carácter
착하다 ser amable 두다 dejar
안경 las gafas 끼다 ponerse
모습 la figura

<2> Cuando estoy enfermo, quiero ver a mi abuela por encima de todo

Objetivo de la lección: Poder presentar la familia y los parientes.

Vocabulario

고모 la tía paterna(la hermana del padre)
작은아버지 el tío(el hermano menor del padre)
친척 el/la pariente 조카 el/la sobrino/a,
콘서트 el concierto 공무원 el/la funcionario/a,
큰아버지 el tío(el hermano mayor del padre)

Repaso (Unidad 1 y 2)

Cultura de corea: varias expresiones de saludo

Los modales de saludo de los coreanos son varios, y el saludo se diferencia dependiendo de la situación. En Corea, cuando se levanta en la mañana se saluda “안녕히 주무셨어요¿Durmió bien?”. Cuando se encuentra con alguien en la calle, le hace la pregunta “어디 가세요¿A dónde va?” o “어디 다녀오세요¿De dónde viene?” en vez de saludar con hola. Cuando se encuentra con alguien después de la hora de comer, le saluda “식사 하셨어요¿Ya comió?”. Cuando se encuentra con un conocido después de mucho tiempo, le pregunta sobre la vida de estos días con el saludo “오래간만이에요. 그동안 잘 지냈어요?Hace mucho tiempo que no nos vemos. ¿Cómo ha estado?”. Cuando saluda a alguien en Corea, debe usar expresiones adecuadas, considerando la edad o la relación con la persona que está hablando.

Unidad 3 La Ciudad natal

<1> ¿Ha estado en la isla de Jeju?

Objetivo de la lección: Poder explicar la ubicación de la ciudad natal.

Vocabulario

강화도 la isla de Ganghwa
인삼 el ginseng 해산물 los mariscos,
수원 Suwon 서해 el Mar del Oeste
남해 el Mar del Sur 동해 el Mar del Este
경기도 Gyeonggi-do 강원도 Gangwon-do
충청도 Chungcheong-do 전라도 Jeolla-do
경상도 Gyeongsang-do 다녀오다 visitar
섬 la isla 관광지 el destino turístico
도빌 Deauville 해수욕장 la playa
케냐 Kenia 나이로비 Nairobi
가운데 el centro 수도 la capital,
구경거리 las cosas para ver
하와이 Hawái 태평양 el pacífico
위치 la ubicación 위 arriba
뒤 detrás

<2> El aire del parque es bueno porque hay muchos árboles.

Objetivo de la lección: Poder explicar las características de la ciudad natal.

Vocabulario

오슬로 Oslo
그립다 extrañar/echar de menos
호찌민 Ho Chi Minh
내내 todo el tiempo
자연 la naturaleza
브리즈번 Brisbane
상파울루 São Paulo
북동부 el nordeste
유명하다 ser famoso
베이징덕 el pato pekinés
만리장성 Gran Muralla China
중부 en el centro
타코야키 Takoyaki
성 el castillo
하노이 Hanói
북부 al norte
호안끼엠 el lago Hoan Kiem
남부 al sur
왕궁 el palacio

Unidad 4 Casa

<1> Me gustaría que la habitación sea más grande.

Objetivo de la lección: Poder explicar las ventajas y desventajas de la casa en la que vive.

Vocabulario

아침밥 el desayuno
관리비 el costo de administración
이태원 Itaewon
불편하다 algo que es inconveniente
이사하다 mudarse
점 el aspecto
알아보다 averiguar
앱 a aplicación

<2> ¿El transporte es conveniente?

Objetivo de la lección: Poder explicar la estructura de la casa y el ambiente a su alrededor.

Vocabulario

새로 nuevamente
베란다 el balcón
고시원 Goshiwon
편리하다 algo que es conveniente
거의 casi
계약 el contrato
룸메이트 el/la compañero/a de cuarto
월세 el arriendo mensual
가구 el mueble
엘리베이터 el ascensor

Repaso (Lección 3 y 4)

Vocabulario

해안 la costa
바이킹 el/la vikingo/a
피오르드 el fiordo

La cultura de Corea: Los productos regionales especiales de Corea

¿Han viajado por Corea alguna vez? ¿Qué han hecho allí? Cuando la gente viaja, visita los lugares de interés, prueba la comida famosa de las ciudades, y también compra los productos de renombre. A estos productos se les conoce como productos regionales especiales. La isla de Jeju es famosa por las mandarinas, Gyeonggi-do es bien conocido por su arroz y su porcelana, así como Gangwon-do es bien conocido por su carne de res y el maíz. Los productos regionales especiales de estas provincias son mejores que los que se producen en otras regiones, razón por la cual se le enviaban al rey como regalo en épocas pasadas. Ahora, se puede hacer pedido de estos productos en las oficinas de correos o a través de internet, fácilmente.

Unidad 5 Comida

<1> Meto el arroz en la sopa y lo como con el kimchi.

Objetivo de la lección: Poder presentar las comidas y hablar sobre la manera de comer.

Vocabulario

문어 el pulpo
소스 la salsa
뿌리다 echar
오리고기 el pato
밀전병 miljeonbyeong
싸다 envolver
슈하스코 churrasco
파인애플 la piña
찍다 sumergir
소갈비 la costilla de res
소고기 la carne de res
육수 el caldo
면 los tallarines
겨자 la mostaza
빈대떡 bindaetteok
녹두 la soya verde
국물 la sopa
말다 meter

<2> ¿Ha preparado comida coreana?

Objetivo de la lección: Poder explicar sobre los ingredientes alimenticios y la receta.

Vocabulario

달걀찜 Gyeran jjim
달걀 el huevo
소금 la sal
섞다 mezclar
넣다 poner
찌다 cocinar al vapor

재료 el ingrediente
감자 la papa
베이컨 la tocineta
볶다 revolver
기름 el aceite
프라이팬 la sartén
삶다 cocer
옥수수 el maíz
샐러드 la ensalada
마요네즈 la mayonesa
썰다 cortar (con cuchillo)
궁중 떡볶이 tteokbokki del palacio real
떡 tteok
채소 la verdura
양념 el condimento
간장 la salsa de soya
설탕 el azúcar
다지다 picar
마늘 el ajo
끓다 hervir
고기 la carne
마지막 lo último
참기름 el aceite
별로 no (____) mucho
미역국 miyeok guk
찬물 el agua fría
미역 el alga
냄비 la olla
끓이다 hervir
볶음밥 el arroz frito
참치 el atún

Unidad 6 Mercado

<1> Es probable que se venda en el supermercado.

Objetivo de la lección: Poder explicar sobre varios lugares en donde se puede comprar productos.

Vocabulario

수건 la toalla
칫솔 el cepillo de dientes
쌀 el arroz
콩 la soya
풍선 el globo
이불 la cobija
방석 el cojín de asiento
마트 el supermercado
팔다 vender
음료 la bebida
생활용품 el artículo doméstico
종류 la variedad
싱싱하다 algo que es fresco/a
조금씩 poco a poco
냉동식품 los alimentos congelados
식료품 los alimentos

<2> Quiero comprar las botas para montaña, ¿dónde será bueno?

Objetivo de la lección: Poder recomendar lugares para realizar las compras

Vocabulario

가전제품 los electrodomésticos
스포츠 용품 el artículo de deporte
남성복 la ropa masculina
여성복 la ropa para mujeres
패션 잡화 el accesorio de moda
등산화 las botas para montaña
선풍기 el ventilador
귀걸이 los aretes
매장 la tienda
상품 la mercancía
세일하다 hacer rebajas
건강식품 la alimentación saludable
전자 상가 la tienda de elecrónica
제품 el producto
문고 la biblioteca
동대문역사문화공원역 la estación del Parque de Historia y Cultura de Dongdaemun(Dongdaemun History & Culture Park)
안내하다 guiar
첫째 primero
둘째 segundo
셋째 tercero

Repaso (Lección 5 y 6)

Vocabulario

감자탕 Gamjatang
등뼈 el espinazo

La cultura de Corea: Arreglos de mesa en la cultura gastronómica coreana

En la mesa coreana, el arroz se pone en la parte izquierda y la sopa se pone en la parte derecha, al igual que la cuchara y los palitos, que se ponen en la parte derecha de la mesa. El arroz, la porción de sopa individual, el kimchi y la sopa para compartir son los platos básicos, y depende del número de banchan que se agreguen, se les llaman; la mesa de 3 menúes, la mesa de 5 menúes, la mesa de 7 menúes y la mesa de 9 menúes. Cuando tenga invitados para comer en la casa, el dueño de la casa les dice a sus invitados: "Espero que coman mucho, aunque no he preparado nada" y los invitados dicen: "Voy a comer muy bien" antes de comer. Cuando estén terminando de comer, se espera hasta que la otra gente termine y se dice: "Comí muy bien", y así termina la comida.

Unidad 7 Compras

<1> ¿Me lo puedo probar?

Objetivo de la lección: Poder explicar sobre los productos que quiere comprar

Vocabulario

원피스 el vestido para mujer
블라우스 la blusa
운동복 la ropa de deporte
분홍색 el color rosado
유행이다 estar de moda
갈아입다 cambiarse
회색 el color gris
하늘색 el color azul claro
점퍼 la chaqueta
조끼 el chaleco
청바지 los vaqueros
반바지 la pantaloneta
스카프 la bufanda
샌들 las sandalias
첫 primer/a
윗사람 la persona mayor
주황색 el color naranja
갈색 el color café
가장 más

두 번째 la segunda   세 번째 la tercera

<2> No se imagina cuánto me gusta.

Objetivo de la lección: Poder explicar las ventajas y desventajas del producto que compró.

Vocabulario

색깔 el color   밝다 estar/ser claro/a
어둡다 estar/ser oscuro/a
연하다 algo que es más suave (un color)
진하다 algo que es más intenso (un color)
디자인 el diseño
단순하다 algo que es simple
화려하다 algo que es espléndido/a
무늬 el estampado
꽃무늬 el estampado de flores
줄무늬 el estampado de rayas
체크무늬 el estampado de cuadros
얼룩무늬 el estampado de manchas
물방울무늬 el estampado de gotas
사이즈 el tamaño   맞다 algo que queda bien
마음에 들다 gustar
파랗다 algo que es de color azúl
답글 la respuesta

Unidad 8 Invitación

<1> Pienso hacer una fiesta de despedida con mis amigos.

Objetivo de la lección: Poder explicar una reunión e invitar.

Vocabulario

모임 la reunión   초대하다 invitar
송별회 la fiesta de despedida
동호회 los clubes de hobby
유학생 el estudiante que estudia en el extranjero
동창회 la reunión de compañeros de grado
회비 la cuota de membresía
여의도 Yeoido
동아리 los clubes de aficionados de la universidad
서울숲 el bosque de Seúl
도시락 la comida empacada
연극 el teatro
뒤풀이 la fiesta de clausura
특별하다 (ser) especial
기대가 되다 esperar (con el deseo de que se realice alguna cosa)
팬 el fanático

<2> Voy a preparar una tarta y la llevo.

Objetivo de la lección: Poder recomendar regalos adecuados en diferentes situaciones.

Vocabulario

찻잔 la taza para té
집들이 la fiesta de estreno de la casa nueva
벽시계 el reloj de pared   향초 la vela aromática
돌잔치 la fiesta del primer cumpleaños
금반지 el anillo de oro
선배 el/la compañero/a o el/la colega que tiene un rango más alto o mayor antiguedad durante el estudio o en la empresa
만년필 la pluma estilográfica
목욕 용품 los artículos de baño
주방 용품 los artículos de cocina
쿠션 el cojín   세제 el detergente
와인 el vino   쿠키 la galleta
화분 la maceta   꽃바구니 la cesta de flores

Repaso (Lección 7 y 8)

Vocabulario

어울리다 algo que combina bien
바자회 el bazar   초대장 la invitación

La cultura de Corea: Las tallas de ropa y calzado de Corea

¿Ha comprado ropa o calzado en Corea? En Corea, se usan los números 85, 90, 95, 100, 105, 110 para las tallas de ropa. Se dice "deme la talla 90, por favor" o "mi talla es 100". Para las tallas de vestido de mujer, se usan los números 44, 55, 66, 77, 88 entre otros y se dice "¿tiene la talla 66 de este vestido?". Además, se puede usar XS, S, M, L, XL, XXL y preguntar "tiene la talla L de esta camiseta?". Y para las tallas de calzado, se usan los números 230, 235, 240, 245, 250, 270, 275(mm) y se dice "¿tiene la talla 240mm de estos tenis?" o "por favor deme la talla 270 de estos zapatos".

Unidad 9 Cita

<1> ¿Qué te parece encontrarnos en el parque Haneul a las 11?

Objetivo de la lección: Poder definir la hora y el lugar de una cita.

Vocabulario

드디어 Por fin
북한산 la montaña Bukhansan

문화 센터 el centro cultural

<2> Me surgió algo inesperado y no podré cumplir con la cita.

Objetivo de la lección: Poder cancelar o cambiar la cita.

Vocabulario

취소하다 cancelar
갑자기 de repente
급하다 (ser) urgente
생기다 surgir
이틀 dos días
후배 el/la compañero/a o el/la colega que tiene un rango menor o menos antiguedad durante el estudio o en la empresa
끝인사 despedirse

Unidad 10 Favor

<1> Perdóname, pero ¿podrías ayudarme con la tarea?

Objetivo de la lección: Poder pedir un favor personal a una persona cercana.

Vocabulario

부탁하다 pedir un favor
도와주다 ayudar
잃어버리다 perderse
문제 el problema
사흘 tres días
나흘 cuatro días
바로 directamente
빌려주다 prestar
제목 el título
첫인사 presentarse

<2> Disculpe, ¿podría tomarme una foto?

Objetivo de la lección: Poder pedir un favor en diferentes situaciones adecuadamente.

Vocabulario

저 Eh
저기 disculpe
저기요 disculpe
부장 el jefe de departamento
서류 el documento
음 ummm

Repaso (Lección 9 y 10)

La cultura de Corea: Etiqueta para pedir un favor

Les voy a presentar las formalidades que tienen que tener en cuenta cuando pidan una carta de recomendación a un profesor. Primero, saludan al profesor y se presentan. Luego le dicen lo que le van a solicitar. Es bueno usar expresiones como "¿debe estar ocupado, pero podría solicitarle una carta de recomendación?" o "disculpe, pero ¿me podría escribir una carta de recomendación?". En este momento, también tienen que decirle detalladamente el nombre de la universidad a la que quieren aplicar y la carrera. Después, hacen una cita con el profesor y deciden en dónde y cuándo van a encontrarse. Cuando se encuentren con el profesor, le dan las gracias personalmente, diciendo "Muchas gracias. Voy a preparar el proceso de admisión con dedicación y lo contactaré para darle a conocer el resultado".

Unidad 11 Transporte

<1> Vaya en la línea 2 y haga trasbordo a la línea 6.

Objetivo de la lección: Poder explicar cómo llegar a un destino en transporte público.

Vocabulario

누르다 presionar
교통수단 el medio de transporte
명동역 la estación de Myeong-dong
서울역 la estación de Seúl
안국역 la estación de Anguk
강남역 la estación de Gangnam
교대역 la estación de la Universidad Nacional de Educación de Seúl (Seoul National University of Education)
광화문역 la estación de Gwanghwamun
고속터미널역 la estación del Terminal de Autobuses Exprés (Express Bus Terminal)
종로3가역 la estación de Jongno 3-ga
노선도 el plano de las líneas
합정역 la estación de Hapjeong
경복궁역 la estación de Gyeongbokgung
을지로3가역 la estación de Euljiro 3-ga
종합운동장역 la estación del Complejo Deportivo(Sports complex)
이대역 la estación de la Universidad de Mujeres Ewha(Ewha Womans University)
충정로역 la estación de Chungjeongno
여의나루역 la estación de Yeouinaru
압구정역 la estación de Apgujeong

<2>Lléveme por Gyeongbokgung, por favor.

Objetivo de la lección: Poder explicar cómo ir a un destino en automóvil.

Vocabulario

좌회전 el giro a la izquierda
우회전 el giro a la derecha

유턴 el giro en U
직진 ir derecho
세우다 detenerse
기사 el/la conductor/a
퇴근하다 salir de la oficina
막히다 el tráfico está congestionado
밀리다 hay un embotellamiento de tráfico
터널 el tunel
소월길 Sowol-gil
세브란스 병원 el hospital Severance
성산로 Seongsan-ro
동문 la puerta este

Unidad 12 Vida universitaria

<1> Tienes que tomar clases con juicio para que puedas salir bien en los exámenes.

Objetivo de la lección: Poder explicar la vida universitaria.

Vocabulario

발표 la presentación
리포트 el informe
시작하다 empezar
열심히 con juicio
복습 el repaso
이해하다 entender
질문하다 preguntar
외우다 memorizar
연습하다 practicar
출석 la asistencia
잊어버리다 olvidarse

<2> He venido a hacer una pregunta.

Objetivo de la lección: Poder hacer preguntas sobre la vida universitaria.

Vocabulario

신청서 la solicitud
등록하다 inscribir
휴학 el aplazamiento del estudio
직접 directamente
신청하다 solicitar
재료비 el costo de los materiales
결과 el resultado
확인하다 verificar
드림 deu-rim (se escribe al lado de la firma de una carta dirigida a la persona superior a la persona que escribe para mostrar el respecto)

Repaso (Lección 11 y 12)

Vocabulario

출발지 el lugar de partida/salida
도착지 el destino
동문 회관 el edificio del club de graduados

La cultura de Corea: La manera de usar la tarjeta de transporte

Cuando toman un bus o metro en Corea, normalmente se usa más la tarjeta de transporte que el efectivo. La tarjeta de transporte es cómoda y la tarifa es más barata que cuando se paga en efectivo. Se pueden realizar cuatro trasbordos gratis, pero hay que pagar de nuevo si hace trasbordo 30 minutos después de haberse bajado o si hace trasbordo al mismo número de autobús. En las tiendas o estaciones del metro se puede comprar y recargar la tarjeta de transporte. Se usa también la tarjeta de crédito que tiene la función de la tarjeta de transporte o la tarjeta de transporte móvil. Hoy en día se puede pagar con la tarjeta de transporte en supermercados o cafeterías, así como puede verificar el saldo a través de la aplicación de la tarjeta de transporte.

Unidad 13 Institución pública

<1> Mientras se está abriendo la cuenta, espere un momento por favor.

Objetivo de la lección: Poder preguntar cómo usar el banco.

Vocabulario

체크 카드 la tarjeta de débito
외국인 등록증 el carné de extranjero
연락처 el punto de contacto
계좌 번호 el número de cuenta
자동 이체 la domiciliación
인터넷 뱅킹 la banca por internet
아이디 el usuario
통장 la libreta de banco
계좌 la cuenta
우선 primero
신분증 el documento de identidad
서명하다 firmar
모바일 뱅킹 la banca móvil
저금 el ahorro
환전 el cambio de divisas
공과금 los impuestos de servicios públicos
내다 pagar
순서 el orden

<2> ¿Dos meses?

Objetivo de la lección: Poder preguntar cómo usar la oficina de correos.

Vocabulario

등기 el correo certificado
중요하다 (ser) importante
국제 우편 el correo internacional
소포 el paquete
항공편 por vía aéreo
배편 por barco
택배 el correo en autoservicio (En donde se puede recibir o enviar correos automáticamente
무인 우편 sin intervención de la persona)
요금표 la lista de precios
무게 el peso
국제 특급 el correo exprés internacional
부치다 enviar
저울 la balanza
올려놓다 poner sobre
열흘 diez días

방문 **la visita**
상자 **la caja**
비회원 **no miembro**

Unidad 14 Teléfono

<1> Dicen que el número de personas que ve películas con el celular ha aumentado.

Objetivo de la lección: Poder explicar las funciones del celular.

Vocabulario

동영상 **el video**
맛집 **el restaurante famoso**
주문하다 **pedir**
신문 기사 **el artículo de periódico**
검색하다 **buscar**
녹음하다 **grabar**
고장이 나다 **averiarse**
새 **nuevo/a**

<2> Dile que me llame cuando termine la clase.

Objetivo de la lección: Poder transmitir un mensaje a otra persona.

Vocabulario

따로 **aparte**
데려오다 **traer**
발신 **el envío**
함께 **juntos**
한강 **el río Hangang**
남산 **la montaña Namsan**
시간을 내다 **sacar tiempo**

Repaso (Lección 13 y 14)

Vocabulario

번호표 **el número (a la espera de turno)**
뽑다 **sacar**

La cultura de Corea: Lenguaje chat

Hoy en día, hay mucha gente que prefiere enviar mensajes de texto que llamar por teléfono. Y se usa también las abreviaciones para expresar el contenido del mensaje de manera más interesante y simple. Hay abreviaciones como 'ㅇㅇ' y 'ㄴㄴ' que usan solo las consonantes en la posición inicial de sílaba o hay abreviaciones como '아아' y '따아' que usan las primeras letras de las palabras. Así mismo, se usa también 'ㅋㅋ' o 'ㅠㅠ' para expresar emociones y sentimientos. Si se expresa de esta manera, da una impresión más auténtica que cuando se dice "está divertido" o "me parte el corazón".

ㅇㅇ	Sí Sí
ㄴㄴ	No No
아아	Café Americano con hielo
따아	Café Americano
ㅋㅋ	Jaja (signo de risa)
ㅠㅠ	La cara llorando

Unidad 15 Reservación y pedido

<1> Hay muchos clientes que han hecho la reservación porque es fin de semana.

Objetivo de la lección: Poder reservar un lugar.

Vocabulario

말 **el fin**
초 **el principio**
리조트 **el resort**
연휴 **los días feriados**
날짜 **la fecha**
잠시 **el momento**
성함 **el nombre**

<2> Quiero pedir solo una comida empacada a domicilio, por favor.

Objetivo de la lección: Poder pedir a domicilio.

Vocabulario

배달되다 **se entrega a domicilio**
치킨집 **el restaurante de pollo**
분식집 **Bunsikjip (tipo específico de restaurante de comida coreana)**
야식집 **Yasikjip (tipo de restaurante de comida nocturna)**
배달시키다 **pedir a domicilio**
지난번 **la vez pasada**
양념치킨 **el pollo frito con salsa**
금방 **en seguida**
저녁밥 **la cena**
배달하다 **hacer el servicio a domicilio**
결제 **el pago**
카드 **la tarjeta de crédito**
마치다 **terminar**

Unidad 16 Salud

<1> Además de tener mocos, tengo fiebre.

Objetivo de la lección: Poder explicar los síntomas cuando está enfermo.

Vocabulario

콧물이 나다 **tener mocos**
열 **la fiebre**
두통 **el dolor de cabeza**
심하다 **está grave**
기침 **la tos**
붓다 **está hinchado/a**

목이 쉬다 tener voz ronca
몸이 떨리다 el cuerpo tiembla
소화 la digestión 변비 el estreñimiento
코감기 el resfriado con congestión nasal
목감기 el resfriado con dolor de garganta
기침감기 el resfriado con tos
배탈 el malestar estomacal
눈물 la lágrima 푹 suficiente
만지다 tocar 어젯밤 anoche

<2> Al menos toma vitaminas.

Objetivo de la lección: Poder explicar sobre el medicamento adecuado para los síntomas y la manera de tomarlo.

Vocabulario

비타민 la vitamina 요구르트 el yogur
스트레칭 el estiramiento
약사 el/la farmacéutico/a
종합 감기약 el medicamento para el resfriado común
알 (unidad de conteo de algún objeto pequeño y redondo)
소화제 el medicamento para la digestión
파스 el parche para el alivio de dolores
붙이다 pegar
떨어지다 caerse de arriba hacia abajo
피부 el piel
넘어지다 caerse por perder el equilibrio
소독약 el desinfectante 반창고 la trita/curita
소독하다 desinfectar
모기약 el repelente para mosquitos
멀미약 el medicamento contra el mareo

Repaso (Lección 15 y 16)

La cultura de Corea: el servicio de comida a domicilio de Corea

Cuando tengan hambre en la noche y no tienen nada que comer en la casa, ¿qué hacen? Cuando vengan sus amigos de repente, ¿qué sería bueno para comer? En Corea, se puede pedir comida a domicilio fácilmente. Con solo una llamada o unos clics, pueden pedir fácilmente varias comidas a domicilio como pollo, pizza, jajangmyeon, naengmyeon, gamjatang, entre otros, sin salir de la casa. Los coreanos piden a domicilio a través de llamada telefónica, internet o aplicación móvil, no solo porque no hay mucha diferencia de precio en comparación con comer en un restaurante sino también porque se puede comer rápidamente deliciosas comidas. Además, es cómodo y bueno que estos días se pueda pedir comidas de los restaurantes famosos mediante el servicio a domicilio.

Unidad 17 Hobby

<1> No hay nada más divertido que el baloncesto.

Objetivo de la lección: Poder presentar el hobby y hablar de las ventajas del mismo.

Vocabulario

관심 el interés 음악 감상 escuchar música
외국어 la lengua extranjera
도움이 되다 ser una ayuda
문화 la cultura 글 la escritura
아무리 por más que

<2> C¿Sabe montar en bicicleta?

Objetivo de la lección: Poder explicar las actividades de hobby.

Vocabulario

드럼 la batería 낚시하다 pescar
볼링 los bolos 볼링장 la bolera
특히 sobre todo

Unidad 18 Plan

<1> Veo que muchas personas trabajan medio tiempo durante las vacaciones.

Objetivo de la lección: Poder contar el plan de vacaciones.

Vocabulario

학원 la academia
벼룩시장 el mercado de las pulgas
경험 la experiencia 쌓다 acumular
벌다 ganar

<2> Iba a hacer ejercicio todos los días, pero lo hice solo un día.

Objetivo de la lección: Poder contar el plan sobre las cosas que quiere hacer.

Vocabulario

다이어트 la dieta 참다 aguantar
한 unos 정도 aproximadamente
학비 la matrícula

Repaso (lección 17 y 18)

Vocabulario

에스앤에스(SNS) La red social

La cultura de Corea : Los propósitos de Año Nuevo de los coreanos

A final de año, mucha gente hace propósitos de Año Nuevo con una mente renovada. ¿Qué propósitos de Año Nuevo harán los coreanos? Dicen que frecuentemente se repiten los propósitos como el estudio, la lectura, el viaje, el ejercicio, la dieta, y dejar de fumar, entre otros. Esto quiere decir que los coreanos están interesados en su desarrollo personal o su salud. Aunque hagan propósitos con juicio, esto no significa que los pueden cumplir todos. Incluso, hay un dicho que dice '작심삼일' que significa abandonar los planes en tres días porque es difícil de atenerse a ellos. Sin embargo, no se decepcionen tanto si no pueden cumplir bien sus propósitos desde el primero de enero. Porque, en Corea, hay otra oportunidad de hacer propósitos de Año Nuevo nuevamente en Seollal, que es como el primero de enero según el calendario lunar.

Unidad 19 Viaje

<1> Después de buscar por internet, escogí el mejor lugar.

Objetivo de la lección: Poder hablar de las experiencias de viaje.

Vocabulario

한옥마을 la aldea Hanok
여행지 el destino de viaje 기간 la duración
숙박 시설 el alojamiento -박 -일 -noches y -días
게스트 하우스 la casa de huéspedes
통영 Tongyeong 해변 la playa
펜션 la pensión 풍경 el paisaje
일정 el itinerario 숙박하다 hospedarse
교통편 el medio de transporte
주변 alrededor 강릉 Gangneung
홋카이도 Hokkaido
온천욕 el baño con aguas termales
야경 la vista nocturna
쇼핑센터 el centro comercial
방콕 Bangkok

<2> Si va a ir de viaje con su familia, ¿qué le parece ir a la montaña Seoraksan?

Objetivo de la lección: Poder recomendar los destinos de viaje.

Vocabulario

가족 여행 el viaje familiar
해외여행 el viaje al extranjero
신기하다 algo que es maravilloso/a
볼거리 las cosas para ver 식구 la familia
여름휴가 las vacaciones de verano
온천 las termas 도고 Dogo
배낭여행 el viaje de mochilero
이스탄불 Estambul 유적지 el sitio histórico
옛날 los tiempos antiguos 유물 la reliquia
타이베이 Taipéi

Unidad 20 Tiempo y la vida diaria

<1> Dice que va a llover, así que es mejor hacer otra cosa.

Objetivo de la lección: Poder proponer las actividades adecuadas según el tiempo.

Vocabulario

내리다 caer 안개 la niebla
끼다 cubrir 케이블카 el teleférico
강하다 algo que es fuerte 태풍 el tifón
습하다 está humedo 기린 la jirafa
기온 la temperatura 활동 la actividad

<2> Sería difícil de conducir, así que ¿vamos en autobús?

Objetivo de la lección: Poder planear actividades adecuadas según el tiempo.

Vocabulario

햇빛 el sol 실내 el interior
마르다 secarse 종일 todo el día
그러면 entonces 미세 먼지 el polvo
환기 la ventilación 최저 mínima
최고 máxima

Repaso (Lección 19 y 20)

La cultura de Corea: El viaje a Seú

¿A dónde han ido en Seúl? En Seúl, hay muchos lugares especiales en dónde su vida en Corea se puede volver más divertida. En Gyeongbokgung y Changdeokgung se puede ver la historia de Corea y cómo era en los tiempos antiguos, y además puede ponerse un Hanbok en un local de alquiler de Hanbok y visitar los palacios. Y si van al río Hangang, donde hace un viento fresco, se puede montar en bicicleta o tomar el barco, asimismo, se puede probar varios tipos de comida en el parque. En octubre, se celebra el festival internacional de fuegos artificiales aquí, por eso se puede disfrutar la noche de Seúl. Si les gusta hacer compras, vayan a Myeong-dong, Dongdaemun, Namdaemun, Sinsa-dong o Gangnam. Es fácil de llegar a estos lugares porque el transporte es conveniente. Es bueno, no solo porque se puede ver y comprar varios tipos de mercancías, sino también porque hay muchas cafeterías y restaurantes que tienen deliciosas comidas a su alrededor.